Grube • Deutscher Schäferhund

Heiko Christian Grube

Deutscher Schäferhund

Das große Rassehandbuch

Müller Rüschlikon

Einbandgestaltung: Katja Draenert
Titelbild: Christine Steimer
Bildnachweis:
Broksch: S. 84 l; »Der Gebrauchshund«: S. 58, 102 u, 103 lo, 106 u, 107 o, 108 o + u; Foto Urma: S. 8; Grube: S. 23, 26 o + u, 28, 29 o + u, 54, 63, 82 u, 87, 104 u, 106 o, 115; Hoffmann: S. 116, 117; Hubbe: S. 44, 45, 50, 72, 82 o, 104 o; Rataiczak: S. 121 u; Rohdich: S. 12 o + u, 13; »Schäferhund Magazin«: S. 60, 62, 64, 90 r, 91, 96 u, 98, 101 o + u, 102 o, 103 or, 107 u, 119, 121 o, 125; Verband für das Deutsche Hundewesen (VDH): S. 34; Verein für Deutsche Schäferhunde (SV) e. V.: S. 9, 10, 11, 14, 52, 59, 65, 66, 89, 90 l, 94, 96 o, 97 o + u, 99 o + u, 103 u, 105, 109 o + u, 110, 111 o + u, 112, 113 o + u, 137, 138, 139, 140, 141, 142; Wolf: S. 40, 69, 70, 81 r, 83, 93, 100, 122; Wolkenhauer: S. 20, 21, 22, 24, 25, 27, 30, 31, 33, 35, 37, 43, 47, 48, 51, 68, 71, 81 l, 84 r, 85, 92, 123, 129

Erfreulicherweise hat sich der Anteil der Frauen im Hundesport deutlich erhöht. Das ist sehr gut und zu begrüßen. Wenn im Buchtext die Begriffe »Hundeführer/Hundehalter« verwandt wurden, schließen diese ausdrücklich weibliche und männliche Hundehalter ein. Eine Auflistung jeweils Hundehalter/Hundehalterin wäre ganz sicherlich für das Auge und die Konzentration ermüdend. Ich hoffe auf Ihr Verständnis.

ISBN 3-275-01497-8

1. Auflage 2004

Sie finden uns im Internet unter: *www.mueller-rueschlikon.ch*

Lektorat: Rosemarie Wild
Innengestaltung: Ingrid Gerlach
Reproduktionen: Schwabenverlag mediagmbh, Ostfildern-Ruit
Druck und Bindung: Fotolito LONGO, Bozen
Printed in Italy

Inhaltsverzeichnis

V. Der Lebensabend

VI. Anhang

Vorwort

Der Deutsche Schäferhund nimmt die Spitzenstellung in der Beliebtheitsskala aller Rassehunde weltweit ein. Ein Blick in das offizielle Organ des Verbandes für das Deutsche Hundewesen (VDH) »Unser Rassehund« belegt diese Tatsache eindrucksvoll in der Welpenstatistik. Im Jahre 2002 wurden 20.352 Deutsche Schäferhunde in das Vereinszuchtbuch in Augsburg eingetragen, das waren 12.282 Welpen mehr als bei der zweitplatzierten Rasse, dem Teckel.

Zum 31.12.2003 wurden beim Verein für Deutsche Schäferhunde im Zuchtbuchamt für das abgelaufene Jahr insgesamt 20.000 Welpen registriert. Das entspricht einem leichten Rückgang von knapp zwei Prozent zum Vorjahr. Damit nimmt die Rasse wieder eindeutig die Spitzenposition ein und verfügt über eine sehr große Population.

Der gewissenhafte Züchter kreiert den Hund, ihm kommt dabei ein Höchstmaß an Verantwortung zu. Deutsche Schäferhunde sind Gebrauchshunde. Ziel der Zucht muss es daher immer vordringlich sein, gesunde, gebrauchshundtüchtige, vitale, wesensfeste, sozialverträgliche und ästhetische Hunde zu züchten. Gebrauchshunde stellen ein Kulturgut dar, eine Reduzierung auf Modetendenzen wäre schädlich und lediglich eine Vermehrung der Tiere. Die Zucht muss aber eine zielgerichtete, tierschutzgerechte Selektion mit dem Fokus auf Gesundheit, Sozialverträglichkeit und Gebrauchshundtüchtigkeit sein.

Der Hundebesitzer macht dann durch Erziehung und Ausbildung aus seinem Welpen den Hund.

An erster Stelle muss dabei die Liebe zum Tier stehen, gefolgt wieder von Liebe, Vertrauen und Konsequenz bei der Aufzucht und Ausbildung. Der Mensch entwickelt dabei die Fähigkeit, eine Hundeseele lesen zu können. Hunde sind ein Teil der Schöpfung, Respekt davor und tierschutzgerechte Ausbildungsmethoden sind wichtige Wegbegleiter beim gemeinsamen Weg von Mensch und Hund. Der Mensch muss der Freund des Hundes werden und Emotionen einbringen, ohne ihn dabei aber zu vermenschlichen oder zu verkindlichen.

Der Deutsche Schäferhund ist kein Sportgerät und keine zu programmierende Maschine. Ein bedingungsloser Kadavergehorsam unserer Hunde ist deutlich abzulehnen. Moderne Hundebesitzer übernehmen Verantwortung für ein Lebewesen, das immer wieder auch einzigartig und wundervoll ist. Der Deutsche Schäferhund ist dabei Freund und Partner des Menschen. Nach der Lektüre dieses Buches sind viele kynologische Fragen beantwortet und Erfahrungen und Tipps ausgetauscht.

Dabei wird auf den erhobenen Zeigefinger und die bevormundende Belehrung bewusst verzichtet. Machen Sie sich ein eigenes Bild und wählen Sie die für Sie richtige Methode. Das Schönste wäre, wenn auf der letzten Seite die Motivation und Faszination gewonnen hätte.

Heiko Christian Grube
Melle, im Mai 2004

Der Deutsche Schäferhund nimmt die Spitzenstellung in der Beliebtheitsskala aller Rassehunde weltweit ein.

I. Die Geschichte des Deutschen Schäferhundes

Der Deutsche Schäferhund – gezüchtet zum Schutz des Schäfers und zum Hüten der Schafe.

Aus einer Vision wird ein Welterfolg

Keine Angst, liebe Leser, Sie müssen jetzt nicht Ihre Geschichtsbücher aus dem Schrank oder vom Dachboden holen, um nach geschichtsrelevanten Fährten des Deutschen Schäferhundes zu suchen. Als ich in der Vorbereitungszeit zu diesem Buch einen Gottesdienst besuchte, horchte ich auf, als der Superintendent in seiner sonntäglichen Predigt plötzlich von einem Hund erzählte (Matthäus 15, Vers 21–28).

In der Tat findet man in der Bibel 40 Passagen und Stellen, in denen es um Hunde geht. Einige Passagen davon sind in den alltäglichen Sprachgebrauch übergegangen. *»Ihr sollt das Heilige nicht den Hunden geben und eure Perlen nicht vor die Säue werfen …«* (Matthäus 7, Vers 6). Auch in der weltberühmten Kathedrale von Palma de Mallorca finden sich historische Hundespuren. Durch die Unterstützung vieler Mallorquiner wurde der Bau der Kathedrale im 14. Jahrhundert begonnen. Viele Generationen von Künstlern aus zahlreichen Mittelmeerländern haben ein imposantes Bauwerk erschaffen. Sollten Sie einmal die Möglichkeit haben, diese Kathedrale zu besichtigen, finden Sie im Mittelschiff auf dem Fußboden ein Relief eingelassen, das neben dem Würdenträger auch einen domestizierten Hund mit Halsband zeigt.

Menschen und Hunde haben ca. 15.000 Jahre gemeinsame Geschichte, z. T. als nomadischer Jagdbegleiter oder nach der Sesshaftwerdung der Menschen in Siedlungen als Hüter und Beschützer. Im deutschen Schrifttum taucht der Schäferhund wiederholt auf, auch Gesetze beschäftigten sich mit den Tieren. Zum Beispiel: »Wenn jemand einen Schäferhund tötet, welcher imstande ist, den Wolf zu würgen und ihm das Vieh zu entreißen, welcher so laut bellt, dass man ihn zum anderen oder bis zum dritten Gehöft hört, wird mit drei Solidi bestraft« (Alemannischer Gesetzestext aus dem 7. Jahrhundert).

Max v. Stephanitz, der 1. Präsident des Vereins für Deutsche Schäferhunde.

Im Jahre 1155 werden Hunde bereits in der französischen Hafenstadt Saint Malo als Schiffsdiensthunde erwähnt. In fast allen Ländern und Kulturen sind Symbiosen mit unterschiedlichen Ausprägungen, Intensitäten und Zielsetzungen entstanden.

In Deutschland gab es zum Ende des vorletzten Jahrhunderts zwar in verschiedenen Landesteilen Schäfer- und Hütehunde, nicht aber den Deutschen Schäferhund.

Max v. Stephanitz mit dem Stammvater des Deutschen Schäferhundes »Horand von Grafrath«.

Die Geburtsstunde und das kynologisch fundierte Entwickeln dieser Rasse ist unverwechselbar mit dem Lebenswerk eines Mannes verbunden: Rittmeister Max von Stephanitz.

Als junger Mann macht sich der am 30. Dezember 1864 geborene Max von Stephanitz in Berlin mit der Physiologie, Anatomie, Aufzucht und später auch Zuchtselektion von Tieren vertraut. Im militärischen Dienst wird er Rittmeister. Während eines Manövers im Bergischen Land beobachtet Max von Stephanitz die Arbeit eines Schäfers mit seinen zwei Hunden. Er ist von diesem Bild in einer wunderschönen Landschaft angetan. Die Hunde arbeiteten überwiegend selbstständig an der Herde.

Absolute Sicherheit und ruhige Ausgeglichenheit der Hunde und des Hirten – heute würden wir von perfekter Teamarbeit sprechen – bestimmten das Schauspiel in der Natur. Diesen Augenblick beschreibt Stephanitz später als Impulsgeber für seine Idee von einem Gebrauchshund. Die bei den Hütehunden beobachtete Leistungsbereitschaft und -fähigkeit, gepaart mit Gehorsam und Beständigkeit, bestimmten seine züchterischen Ambitionen. Eine Faszination, die sein gesamtes Leben beeinflussen sollte.

Im Jahre 1898 zog Rittmeister Max von Stephanitz seine Uniform aus. Dies wohl auch aus gesellschaftlichen Gründen. Die damalige preußische Standesgesellschaft mit ihren starren Normen und Werten empfand Stephanitz' Ehe mit der Schauspielerin Maria Wagner als nicht gerade standesgemäß. Finanziell unabhängig erwarb der Privatier Stephanitz ein Anwesen, auf dem er im Laufe der späteren Jahre seine Vision von der Hundezucht in die Realität umsetzte.

Noch während seiner aktiven Militärzeit hatte sich Rittmeister Max von Stephanitz den drei Jahre alten Rüden »Hektor Linksrhein« gekauft. Der überlieferte Kaufpreis an den Frankfurter Züchter Sparwasser betrug damals zum Ende des 19. Jahrhunderts recht stolze 200 Mark. Der Hund wurde umbenannt, aus dem Rüden Hektor Linksrhein wurde der phonetisch klangvollere »Horand von Grafrath«. Dieser 61 Zentimeter große Rüde war eine Synthese unterschiedlicher Typen der Hundewelt und gilt als Ur- und Stammvater des Deutschen Schäferhundes.

Am Rande einer Hundeausstellung im badischen Karlsruhe gründete Rittmeister Max von Stephanitz mit Gleichgesinnten und engagierten Freunden am 22. April des Jahres 1899 den Verein für Deutsche Schäferhunde. Im September des gleichen Jahres wurde der Rassestandard festgelegt, der in den folgenden Jahrzehnten nur geringfügig verändert bzw. ergänzt wurde.

Max von Stephanitz wurde erster Präsident des Vereins für Deutsche Schäferhunde. Im Zuchtbuch, das noch heute fortlaufenden Bestand hat, wurde Horand von Grafrath

Deutsche Schäferhunde wurden im Ersten Weltkrieg zum Verlegen von Telefonkabeln eingesetzt.

mit der Nummer eins aufgenommen. Von hier ab entwickelte sich eine zielgerichtete, systematische Gebrauchshundezucht – der weltweite Erfolg einer Hunderasse nahm seinen Anfang.

Aus verschiedenen mitteldeutschen und süddeutschen Hütehunden erfolgte die Selektion nach dem Zuchtleitbild: »Schäferhundezucht ist Gebrauchshundzucht, sonst ist sie keine Schäferhundezucht«. Größter Wert wurde auf die Hündinnen gelegt, sie galten als die elementaren Trägerinnen der Zucht. In seinem Buch »Der Deutsche Schäferhund« führte Stephanitz zu den Muttertieren aus: »Darum muss bei der Hündin unbedingt die gehaltvolle, durch und durch gesunde und wesensfeste der schönen, durch ihre Erscheinung blendenden vorgezogen werden«. Ausschließlich gesunde, arbeitsfreudige, triebvolle und wesensfeste Tiere brachten dauerhaften züchterischen Erfolg. Dabei legte Stephanitz sein Augenmerk auch auf das anatomische Gerüst und die Bemuskelung des Hundes.

Aus der Formel 1 und anderen Sportarten wissen wir, wie wichtig die Zweckmäßigkeit und das Material ist. Dies gilt in Anlehnung auch ähnlich in der Zucht, denn je gefestigter und gesünder die Erbanlagen sind, je höher ist die Wahrscheinlichkeit auf züchterischen Erfolg. Ist die Mechanik zweckmäßig, ist der Kraftaufwand für die Leistungsfähigkeit gerin-

Zweiter Weltkrieg: Deutscher Schäferhund als Munitionsträger bei der britischen Armee.

ger. In der Anatomie gilt die Zweckmäßigkeit – lange Hebelarme, an denen dann die Muskelkraft ansetzt, und günstige Winkelungen helfen, Gebrauchseigenschaften positiv zu gestalten. Die Zucht des Deutschen Schäferhundes wird Reinzucht. Das Kreuzen mit anderen Rassen kam für den Kynologen Stephanitz nicht in Betracht. Als Rassezuchtziel steht der hochveranlagte, leistungsfähige Hund mit vollendetem Gebrauchshundgebäude.

»Das Geschäft des Züchters ist keine leichte Kunst; es erfordert einen außerordentlichen scharfen Blick, eine große Geduld, eine äußerst sorgsame Behandlungsweise der zu züchtenden Organismen!« (Ernst Haeckel, Natürliche Schöpfungsgeschichte)

Nach der Gründung des Vereins für Deutsche Schäferhunde entwickelten sich die Deutschen Schäferhunde sehr schnell und dynamisch zur beliebtesten Hunderasse weltweit. Durch seine Arbeitsbereitschaft, Zuverlässigkeit, Ausdauer, Kraft und Lernfähigkeit wurde er sehr früh als Allrounder und Multitalent für vielfältige Aufgabenbereiche erkannt.
Im Ersten Weltkrieg 1914–1918 wurden die Fähigkeiten der Deutschen Schäferhunde an vielen Frontabschnitten eingesetzt.
Nicht etwa wie in der Antike als Kämpfer, sondern als Helfer, sowohl für französische und belgische als auch für deutsche Soldaten. Schäferhunde wurden als Meldehunde, Telefonkabelverleger oder Sanitätshunde eingesetzt. Bis zum Ende des Krieges waren schätzungsweise an die 7000 Hunde aus der Armee Kaiser Wilhelms getötet worden. Tiere, die überwiegend von privaten Besitzern und Züchtern zur Verfügung gestellt worden waren, und die sie nie wieder sahen. Damit ging natürlich auch wichtiges genetisches Erbmaterial für die spätere Zucht verloren. Ein berühmter Deutscher Schäferhund, der sich später zu einem Mythos entwickelte, wurde kurz vor Ende des Krieges in Frankreich in einer verwaisten Stellung gefunden. Dieser Hund wurde nach seiner Rettung später ein Kinostar. Über viele Jahre begeisterte »Rin Tin Tin« als mutiger Held und Retter ein internationales Millionenpublikum. Ich selber war viele Jahre später als Kind von diesen Filmen mit Rin Tin Tin begeistert und von der Rasse fasziniert.
Nach dem Krieg übernahm der Deutsche Schäferhund eine wichtige gesellschaftliche Funktion als Assistenzhund. Klassische Bilder im öffentlichen Verkehrsraum der Städte waren Kriegsblinde, die von ihren ausgebildeten Deutschen Schäferhunden durch die Straßen geführt wurden. Die Zahl der Hundebesitzer stieg kontinuierlich an, bereits 1923 waren 57.000 Mitglieder im Verein für Deutsche Schäferhunde organisiert. Der wirtschaftlichen

Ostfront 1941: Der Hund bringt eine Brieftaube in die vorderen Stellungen.

Rezession in der Weimarer Republik musste aber auch die Beliebtheit der Rasse einen deutlichen Tribut zollen. Die Weltwirtschaftskrise setzte andere Schwerpunkte und Notwendigkeiten bei den Menschen, die Zahl der Schäferhundebesitzer sank deutlich.

Nach der Machtergreifung Hitlers veränderte sich auch für die Zucht und die Vereine die Situation. Zwangsweise wurden die Vereine in einem »Reichsverband« zusammengefasst. Dem Zwang zur Reichszentralisierung fielen viele individuelle Züchterstrategien und -erfahrungen zum Opfer. Adolf Hitler selber besaß die Deutsche Schäferhündin »Blondi«, von der er absoluten Gehorsam und Unterwürfigkeit erwartete. Geschah dies nicht, gab es für die Hündin Schläge mit der Hundepeitsche. Die Geschichte von Blondi wurde literarisch aufgearbeitet und fand somit Eingang in die moderne Belletristik: Der auch als Schauspieler bekannte Michael Degen schrieb im Jahre 2002 einen spannenden und ergreifenden Roman mit dem Titel »Blondi«.

Aber zurück in die Zeit des Dritten Reiches. Der Verein für Deutsche Schäferhunde musste 36 Jahre nach seiner Gründung den Namen aufgeben und wurde zur »Fachschaft für Deutsche Schäferhunde« zentralisiert. Der Deutsche Schäferhund wurde zu Propagandazwecken mit Kardinaltugenden hochstilisiert und missbraucht.

Am 22. April 1936, also am Tag der Vereinsgründung, starb der Pionier dieser wunderbaren Hunderasse. Das Lebenswerk von Max von Stephanitz war die Zucht dieser Gebrauchshundrasse, sein Name und der seines Rüden Hektor Linksrhein sind zu Ecksteinen der Geschichte des Deutschen Schäferhundes geworden. Max von Stephanitz wurde zu einer kynologischen Ikone mit einer weltweiten Wertschätzung.

Mit dem Beginn des Zweiten Weltkrieges brach unendliches Leid auf die Welt und die Völker ein. Über 50 Millionen Menschen wurden Opfer des grausamen Krieges. Bereits vor Kriegsbeginn wurden neben anderen Hunderassen besonders auch die Deutschen Schäferhunde auf Kriegsaufgaben vorbereitet. Auf den Schlachtfeldern wurden sie wieder als Melde- und Sanitätshunde, aber auch als Gasspürhunde und als Munitionsträger verwandt oder sogar als lebende Bomben oder Granaten geopfert. Dabei waren Deutsche Schäferhunde bei fast allen Armeen im Einsatz, z. B. auch in der Roten Armee. Diese

Schafe hüten: Die ursprünglichste Aufgabe des Deutschen Schäferhundes.

Tiere waren im Rahmen des Hitler-Stalin-Paktes in die Sowjetunion gekommen.
Die Zucht des Deutschen Schäferhundes war durch die Vernichtung der Vererber in der Existenz bedroht und wäre vielleicht ganz eliminiert worden. Angekörte Zuchttiere wurden aber später im Krieg nicht mehr »eingezogen«, da es Probleme mit dem »Hundenachschub« für den Krieg gab. Durch diesen Umstand regenerierte sich das Zuchtpotential für die Schäferhundezucht nach dem Ende des Krieges.
Im Nachkriegs-Deutschland herrschte Not, die Währungsreform kam und die Menschen hatten Existenznöte. Dennoch fand der Deutsche Schäferhund wieder seine Liebhaber, bereits im Jahre 1949 gab es wieder 40.000 organisierte Mitglieder.

Doch auch die Schäferhunde wurden ein Opfer der deutschen Teilung. In den Westzonen entstand die Bundesrepublik, in der Ostzone wurde im Oktober 1949 die DDR gegründet. Hundezucht wurde dort zur Parteisache, die Zucht und Ausbildung unterlag dem Kollektivismus. Eine endgültige Trennung vom Verein für Deutsche Schäferhunde mit Sitz in Augsburg wurde vollzogen. Ahnentafeln für Deutsche Schäferhunde, die wie beschrieben mit der Nummer eins im Jahre 1899 begannen, konnten nicht chronologisch weiter geschrieben werden. Eine »Sektion für Dienst- und Gebrauchshunde« wurde in der DDR mit dem Ziel geschaffen »gut ausgebildete, wesensfeste Hunde für die bewaffneten Organe zur Verfügung zu stellen«. Zuchtlinien wurden getrennt, Deckakte zwischen Ost- und Westhunden gab es nicht.

Durch die deutsche Wiedervereinigung am 3. Oktober 1990 öffnete sich dann im Mutterland der Rasse wieder ein neues Kapitel in der gemeinsamen Geschichte der Schäferhundezucht und des Hundesports. In der Bundesrepublik hatte sich eine pulsierende Schäferhundgemeinde mit vielfältigen sportlichen Betätigungsfeldern, auf die in den nächsten Kapiteln noch ausführlich eingegangen wird, entwickelt. Mit Kommissar Rex (»Reginald von Ravenhorst«) gab es auf den TV-Bildschirmen in den neunziger Jahren wieder einen Deutschen Schäferhund als Medien-Star. Die Krimi-Serie führte zu einem gigantischen Werbeeffekt und einer Popularitätssteigerung für die Hunderasse. Auch im Bereich des »Fan-Artikelverkaufes« und der Werbung gab es riesige Zuwachsraten: Auf Kaffeebechern, Gläsern, T-Shirts, Uhren und vielem mehr wachte Kommissar Rex. Hunderttausende Kinder erhielten ihren ersten Deutschen Schäferhund als Stofftierkommissar unterm Weihnachtsbaum oder zum Geburtstag.
Nicht weniger Image fördernd war der erfolgreiche Kinofilm »Mein Partner mit der kalten Schnauze«. Viele Leser werden sich an »Jerry Lee«, den Drogenspürhund mit seinem Partner Dooley erinnern. Ein herrlicher Film mit viel Humor, Emotionen und Happyend.
Zum Abschluss unserer gemeinsamen Kurzreise durch die Geschichte des Deutschen Schäferhundes taucht Jahre nach der Wiedervereinigung in Intervallen immer mal wieder das Thema Ost-Hund und West-Hund auf. Dem Ost-Hund werden dabei tendenziell positive Leistungsmerkmale und Ursprünglichkeit zugewiesen, dem West-Hund eher Schönheitsaspekte. Eine solche Betrachtungsweise ist allerdings zu kurz gegriffen und teilweise in den Medien Bestandteil einer speziellen Modewelle, der »Ostalgie«. Die blutliche Auffrischung mit DDR-Leistungslinien kann ebenso züchterisch Sinn machen, wie umgekehrt das Aussuchen von Zuchttieren aus gefestigten westlichen Blutlinien. Als sehr lohnenswerte Empfehlung zur weiteren Beschäftigung mit dem Themenbereich Schäferhundezucht in der DDR verweise ich auf das Buch von Werner Dalm: »Die Zucht des Deutschen Schäferhundes in der ehemaligen DDR«. Das interessante Buch ist beim Verein für Deutsche Schäferhunde in Augsburg erhältlich.
Gesellschaftliche Bedingungen und Wertvorstellungen unterliegen einer stetigen Veränderung, dies trifft auch auf den Hundesport zu. Der Deutsche Schäferhund ist vom Wesensbild ausgeglichen, nervenfest und selbst-

sicher. Durch seine Ästhetik und physische und psychische Belastbarkeit ist er zu Recht zum beliebtesten Rassehund der Welt geworden.
Kommen wir noch einmal auf Rittmeister Max von Stephanitz zurück: »Schäferhundzucht ist Gebrauchshundzucht, sonst ist sie keine Schäferhundzucht«, schreibt er in seinen Büchern. Dem Neuen aufgeschlossen gegenüber, aber dieser Tradition verpflichtet, schaut die Rasse auf eine über hundertjährige lebendige und erfolgreiche Geschichte zurück.

FCI-Standard: Deutscher Schäferhund

Der Rassestandard des Deutschen Schäferhundes wird unter der Nr. 166 bei der Fédération Cynologique Internationale (FCI) geführt. Nach seiner Klassifikation gehört der Deutsche Schäferhund zur Gruppe 1 – den Hüte- und Treibhunden, Sektion 1 Schäferhunde mit Arbeitsprüfung. In der Fassung des Jahres 1997 wird der Deutsche Schäferhund als vielseitiger Gebrauchs-, Hüte- und Dienstgebrauchshund detailliert beschrieben.

Allgemeines Erscheinungsbild

Der Deutsche Schäferhund ist mittelgroß, leicht gestreckt, kräftig und gut bemuskelt, die Knochen trocken und das Gesamtgefüge fest.

Wichtige Maßverhältnisse

Die Widerristhöhe beträgt für Rüden 60 cm bis 65 cm, bei Hündinnen 55 cm bis 60 cm. Die Rumpflänge übertrifft das Maß der Widerristhöhe um etwa 10–17 %.

Wesen

Der Deutsche Schäferhund muss vom Wesensbild her ausgeglichen, nervenfest, selbstsicher, absolut unbefangen (außerhalb einer Reizlage) gutartig sein, dazu aufmerksam und führig. Er muss Triebverhalten, Belastbarkeit und Selbstsicherheit besitzen, um als Begleit-, Wach-, Schutz- und Hütehund geeignet zu sein.

Kopf

Der Kopf ist keilförmig, der Körpergröße entsprechend (Länge etwa 40 % der Widerristhöhe), ohne plump oder überstreckt zu sein; in der Gesamterscheinung trocken, zwischen den Ohren mäßig breit. Die Stirn ist von vorn und von der Seite gesehen nur wenig gewölbt und ohne oder mit nur schwach angedeuteter Mittelfurche.
Das Verhältnis von Oberkopf zu Gesichtsteil beträgt 50 % zu 50 %. Die Oberkopfbreite entspricht in etwa der Oberkopflänge. Der Oberkopf geht (von oben gesehen) von den Ohren zur Nasenkuppe sich gleichmäßig verjüngend mit schräg verlaufendem, nicht scharf ausgebildetem Stirnabsatz in den keilförmig verlaufenden Gesichtsteil (Fangteil) des Kopfes über. Ober- und Unterkiefer sind kräftig ausgebildet. Der Nasenrücken ist gerade, eine Einsattelung oder Auswölbung nicht gewünscht. Die Lippen sind straff, gut schließend und von dunkler Färbung.
Die **Nase** muss schwarz sein.
Das **Gebiss** muss kräftig, gesund und vollständig (42 Zähne gemäß der Zahnformel) sein. Der Deutsche Schäferhund hat ein Scherengebiss, d. h. die Schneidezähne müssen scherenartig ineinander greifen, wobei die Schneidezähne des Oberkiefers die des Unterkiefers überschneiden. Auf- (Zange)-, Vor- und Rückbeißen ist fehlerhaft, ebenso größere Zwischenräume zwischen den Zähnen (lückenhafte Stellung). Fehlerhaft ist ebenso die gerade Zahnleiste der Schneidezähne.
Die Kieferknochen müssen kräftig entwickelt sein, damit die Zähne tief in die Zahnleiste eingebettet sein können.
Die **Augen** sind mittelgroß, mandelförmig, etwas schräg liegend und nicht hervortretend. Die Farbe der Augen soll möglichst dunkel sein. Helle, stechende Augen sind nicht erwünscht, da sie den Ausdruck des Hundes beeinträchtigen.

Die **Ohren** des Deutschen Schäferhundes sind Stehohren von mittlerer Größe, die aufrecht und gleichgerichtet getragen werden (nicht seitwärts eingezogen). Sie sind spitz auslaufend und mit der Muschel nach vorn gestellt. Kippohren und Hängeohren sind fehlerhaft. In der Bewegung bzw. in Ruhestellung nach hinten angelegt getragene Ohren sind nicht fehlerhaft.
Der **Hals** soll kräftig, gut bemuskelt und ohne lose Kehlhaut (Wamme) sein. Die Zuwinkelung zum Rumpf (Horizontale) beträgt ca. 45 %.

Körper

Die **Oberlinie** verläuft vom Halsansatz an über den hohen langen Widerrist und über den geraden Rücken bis zur leicht abfallenden Kruppe ohne sichtbare Unterbrechung. Der Rücken ist mäßig lang, fest, kräftig und gut bemuskelt. Die Lende ist breit, kurz, kräftig ausgebildet und gut bemuskelt. Die Kruppe soll lang und leicht abfallend (ca. 23° zur Horizontalen) sein und ohne Unterbrechung der Oberlinie in den Rutenansatz übergehen.
Die **Brust** soll mäßig sein, die Unterbrust möglichst lang und ausgeprägt. Die Brusttiefe soll etwa 45–48 % der Widerristhöhe betragen.
Die **Rippen** sollen eine mäßige Wölbung ausweisen, eine tonnenförmige Brust ist ebenso fehlerhaft wie Flachrippigkeit.
Die **Rute** reicht mindestens bis zum Sprunggelenk, jedoch nicht über die Mitte des Hintermittelfußes hinaus. Sie ist an der Unterseite etwas länger behaart und wird im sanft herabhängenden Bogen getragen, wobei sie in der Erregung und in der Bewegung stärker angehoben getragen wird, jedoch nicht über die Horizontale hinaus. Operative Korrekturen sind verboten.

Gliedmaßen

Vorhand: Die Vordergliedmaßen sind von allen Seiten gesehen gerade, von vorn gesehen absolut parallel. Schulterblatt und Oberarm sind von gleicher Länge und mittels kräftiger Bemuskelung fest am Rumpf angelagert. Die Winkelung von Schulterblatt und Oberarm beträgt im Idealfall 90°, im Regelfall bis 110°.
Die Ellenbogen dürfen weder im Stand noch in der Bewegung ausgedreht und ebenso nicht eingedrückt werden. Die Unterarme sind von allen Seiten gesehen gerade und zueinander absolut parallel stehend, trocken und fest bemuskelt.
Der Vordermittelfuß hat eine Länge von ca. 1/3 des Unterarmes und hat einen Winkel von ca. 20° bis 22° zu diesem. Sowohl ein zu schräg stehender Vordermittelfuß (mehr als 22°) als auch ein steil stehender Vordermittelfuß (weniger als 20°) beeinträchtigen die Gebrauchseignung, insbesondere die Ausdauerfähigkeit.
Die Pfoten sind rundlich, gut geschlossen und gewölbt, die Sohlen hart, aber nicht spröde. Die Nägel sind kräftig und von dunkler Farbe.
Hinterhand: Die Stellung der Hinterläufe ist leicht rückständig, wobei die Hintergliedmaßen von hinten gesehen parallel zueinander stehen. Oberschenkel und Unterschenkel sind von annähernd gleicher Länge und bilden einen Winkel von ca. 120°, die Keulen sind kräftig und gut bemuskelt.
Die Sprunggelenke sind kräftig ausgebildet und fest, der Hintermittelfuß steht senkrecht unter dem Sprunggelenk. Die Pfoten sind geschlossen, leicht gewölbt, die Ballen hart und von dunkler Farbe, die Nägel kräftig, gewölbt und ebenfalls von dunkler Farbe.
Gangwerk: Der Deutsche Schäferhund ist ein Traber. Die Gliedmaßen müssen in Länge und Winkelungen so aufeinander abgestimmt sein, dass er ohne wesentliche Veränderung der Rückenlinie die Hinterhand bis zum Rumpf hin verschieben und mit der Vorhand genauso weit ausgreifen kann. Jede Neigung zur Überwinkelung der Hinterhand mindert die Festigkeit und die Ausdauer und damit die Gebrauchstüchtigkeit. Bei korrekten Gebäudeverhältnissen und Winkelungen ergibt sich ein raumgreifendes, flach über den Boden gehendes Gangwerk, das den Eindruck müheloser Vorwärtsbewegungen vermittelt. Bei einem nach vorn geschobenen Kopf und leicht

angehobener Rute ergibt sich bei einem gleichmäßigen und ruhigen Trab eine von den Ohrenspitzen über den Nacken und Rücken bis zum Rutenende verlaufende weich geschwungene und nicht unterbrochene Rückenlinie.

Haut

Die Haut ist (lose) anliegend, ohne jedoch Falten zu bilden.

Haarkleid

Beschaffenheit des Haares: Die korrekte Behaarung für den Deutschen Schäferhund ist das Stockhaar mit Unterwolle. Das Deckhaar soll möglichst dicht, gerade, harsch und fest anliegend sein. Am Kopf einschließlich des Ohrinnern, an der Vorderseite der Läufe, an Pfoten und Zehen kurz, am Hals etwas länger und stärker behaart. An der Rückseite der Läufe verlängert sich das Haar bis zum Vorderfußwurzelgelenk bzw. bis zum Sprunggelenk, an der Rückseite der Keulen bildet es mäßige Hosen.

Farben: Schwarz mit rotbraunen, braunen, gelben bis hellgrauen Abzeichen. Schwarz einfarbig, grau mit dunklerer Wolkung, schwarzem Sattel und Maske. Unauffällige, kleine weiße Brustabzeichen sowie helle Innenseiten sind zugelassen, aber nicht erwünscht. Die Nasenkuppe muss bei allen Farbschlägen schwarz sein. Fehlende Maske, helle bis stechende Augenfarbe, sowie helle bis weißliche Abzeichen an Brust und Innenseiten sind nicht erwünscht. Helle Krallen und eine rote Rutenspitze sind als Pigmentschwäche zu bewerten. Die Unterwolle zeigt einen leichten Grauton. Die Farbe Weiß ist nicht zugelassen.

Größe/Gewicht

Rüden:	Widerristhöhe 60–65 cm Gewicht: 30–40 kg
Hündinnen:	Widerristhöhe 55–60 cm Gewicht: 22–32 kg

Hoden

Rüden sollten zwei offensichtlich normal entwickelte Hoden aufweisen, die sich vollständig im Skrotum befinden.

Fehler

Jede Abweichung von den vorgenannten Punkten sollte als Fehler angesehen werden, dessen Bewertung im genauen Verhältnis zum Grad der Abweichung stehen sollte.

Schwere Fehler

Abweichungen von den vorstehend beschriebenen Rassekennzeichen, die die Gebrauchsfähigkeit beeinträchtigen.

Ohrenfehler: Seitlich zu tief angesetzte Ohren, Kippohren, Schildspannerstellung der Ohren, nicht gefestigte Ohren.

Erhebliche Pigmentmängel.

Stark beeinträchtigte Gesamtfestigkeit.

Zahnfehler: Alle Abweichungen vom Scherengebiss und der Zahnformel, soweit es sich nicht um ausschließende Fehler (siehe Folgendes) handelt.

Ausschließende Fehler:

a) Wesensschwache, bissige und nervenschwache Hunde
b) Hunde mit nachgewiesener schwerer HD
c) Monorchider (einhodig) und Kryptorchiden (Fehlen beider Hoden) sowie Hunde mit deutlich ungleichen bzw. verkümmerten Hoden
d) Hunde mit entstellenden Ohren, bzw. Rutenfehlern
e) Hunde mit Missbildungen
f) Hunde mit Zahnfehlern. Bei Fehlen von:
   1 mal Prämolar 3 und ein weiterer Zahn oder
   1 Fangzahn oder
   1 Prämolar 4 oder
   1 Molar 1 bzw. Molar 2 oder
   insgesamt 3 Zähne und mehr

g) Hunde mit Kiefermängeln:
   Rückbiss von 2 mm und mehr,
   Vorbiss,
   Aufbeißen (Zangengebiss) im gesamten Schneidezahnbereich
h) Hunde mit Über-, bzw. Untergröße von mehr als 1 cm
i) Albinismus
j) Die Haarfarbe weiß (auch bei dunklen Augen und Nägeln)
k) Langstockhaar (langes, weiches, nicht fest anliegendes Deckhaar mit Unterwolle, Fahnen an Ohren und Läufen, buschige Hosen und buschige Rute mit Fahnenbildung nach unten)
l) Langhaar (langes, weiches Deckhaar ohne Unterwolle, meist auf der Rückenmitte gescheitelt, Fahnen an Ohren und Läufen und an der Rute).

II. Welpenzauber

Von der Geburt bis zum 5. Monat

»Wann unser neues Herrchen uns wohl holen kommt?« Deutsche Schäferhunde kauft man am besten bei einem Züchter, der beim Verein für Deutsche Schäferhunde registriert ist.

Laubspiele: Jeden Tag gibt es was Neues zu entdecken.

»Wer immer sagte, man könne Glück nicht kaufen, vergaß Hundebabys.« (Gene Hill)

Einen Welpen, in unserem Fall einen Deutschen Schäferhund, zu erwerben und ihn in seiner Entwicklung zu begleiten, prägen, erziehen und vor allem zu lieben, zählt sicherlich zu den zauberhaftesten Hunde-Erfahrungen, die wir machen können.
Bevor Sie aber Ihren Welpen aussuchen, gilt es zunächst einmal, einen seriösen, vertrauensvollen Schäferhundzüchter zu finden. Der »Verein für Deutsche Schäferhunde« und die Hauptvereine dieser Rasse in der Schweiz und Österreich (Adressen und Verzeichnis der SV-Welpenvermittlungsstellen im Anhang) sind hierbei hilfreiche und kompetente Ansprechpartner. Sinnvoll und praktisch ist die Auswahl eines Züchters in Wohnortnähe, so kann man schon während der ersten Lebenswochen Kontakt zu »seinem Welpen« aufnehmen, die Mutter-Hündin und vielleicht sogar den Vater des Wurfes kennen lernen. Ein verantwortungsvoller Züchter wird es nicht nur dulden, sondern begrüßen, wenn Sie frühzeitig Kontakt zu ihm und Ihrem zukünftigen Hund aufnehmen.
Wir haben unseren ersten Schäferhund-Welpen an seinem dritten Lebenstag kennen gelernt und ihn von da an regelmäßig besucht – eine Erfahrung, die ich nicht missen möchte. Der damalige, leider inzwischen verstorbene Züchter Reinhold Asmann (Zuchtstätte vom Schwarzen Brink) hat uns im Übrigen nicht nur einen Hund verkauft, sondern auch die Motivation und Faszination für den Sport mit dem Deutschen Schäferhund in meiner Familie geweckt. Darüber hinaus war er ein kompetenter Ansprechpartner in allen Fragen der Aufzucht, Haltung und Ausbildung. Ein engagierter Hobbyzüchter mit absolutem »Hundeverstand«.
Aber zunächst einmal dauert es noch eine Weile – genauer gesagt: acht Wochen – bis der Deutsche Schäferhund bei Ihnen einzieht. Und wie sein Leben während dieser Zeit beim Züchter aussieht, davon soll nun im Folgenden die Rede sein.

»Hunde sind nicht unser ganzes Leben, aber sie machen aus unserem Leben ein Ganzes.« (Roger Caras)

Die Entwicklung des Welpen wird in verschiedene Phasen unterteilt, die hier in Anlehnung an Eric H. W. Aldingtons Buch »Von der Seele des Hundes« beschrieben werden.

Die Neugeborenenphase

Die Entwicklung beginnt, wie eben erwähnt, mit der so genannten Neugeborenenphase (erste und zweite Woche). In dieser Zeit besteht das Leben der Welpen überwiegend aus den Grundbedürfnissen Saugen und

In der warmen Wurfkiste: In den ersten Tagen ist Schlafen noch ein »Fulltime-Job«.

Schlafen. Die Hunde sind völlig hilflos, aber gerade dadurch auch äußerst raffiniert und umfassend geschützt, denn ihre unterentwickelten Sinnesorgane und ihr noch unterentwickeltes Gehirn schirmen sie gegen die Umwelt komplett ab! Ihre Augen und Ohren sind geschlossen und das Riechvermögen ist in diesem Entwicklungsstadium kaum oder nur sehr gering ausgeprägt; also gerade die später so wichtigen Sinne sind anfangs völlig unterentwickelt.

Die Hündin wird ihre Jungen in dieser Phase auch nicht »ansprechen«, sie könnten es eh nicht hören. Dafür machen die Welpen selber aber einen gewaltigen Lärm, wenn sie z. B. Hunger haben und nach ihrer Mutter suchen, was diese auch veranlasst, sich umgehend um ihre Nachkommen zu kümmern. Entfernt man einen Welpen von der Mutter, so wird er mit Kriechbewegungen – übrigens nur vorwärts – und mit hin und her pendelndem Kopf versuchen, wieder in deren Nähe zu gelangen. Diese Bewegungen sind rein reflektorischer Art, sie werden nicht vom Willen gesteuert. Als solcher Reflex findet auch die Verdauung statt. Die Hündin beleckt ihre Welpen und sie geben Kot und Urin ab. Allerdings hat dieses Lecken noch eine andere wichtige Funktion: Es fördert nämlich besonders die Atemreflexe und somit eine vermehrte, tiefere Atmung. Das kann man übrigens gut selber ausprobieren, indem man so einem kleinen Wollknäuel mit einem feuchten Wattebausch den Bauch reibt: Er wird alsbald anfangen, ganz tief Luft zu holen. Wir haben auf diese Weise auch das eine oder andere Mal unserer Hündin Frana geholfen, ihre Welpen gleich nach der Geburt zu versorgen, wenn sie noch mit dem Trockenlecken des einen beschäftigt war und der nächste die Zeit einfach nicht abwarten konnte. Der Welpe ist in dieser Phase kälte-, wärme- und schmerzempfindlich und besonders auf Wärme angewiesen, da er seine Körpertemperatur noch nicht eigenständig regulieren kann. Man kann das gut beobachten: Wenn die Hündin die Wurfkiste verlässt, werden die Welpen so lange umherkrabbeln, bis alle dicht gedrängt zusammen liegen, um sich gegenseitig zu wärmen. Andererseits werden die kleinen Hunde sich sofort abwenden, wenn sie bei ihren »Wanderungen« auf etwas Kaltes treffen, d. h. sie können unterscheiden zwischen angenehmen und unangenehmen Körpergefühlen, und wenn ihnen etwas unangenehm ist, so melden sie sich lautstark zu Wort! Wir hatten in dieser Zeit immer eine Wärmelampe über dem mit Decken oder auch Stroh ausgelegten Wurflager angebracht und natürlich besonders darauf geactet, dass die Welpen keine Zugluft bekamen.

Gut entwickelt sind bei ihnen der Gleichgewichtssinn (siehe Rosemarie Wild, »Aufzucht junger Hunde«, S. 50) und das Gefühl der »Angst vor Tiefe«. Setzt man einen Welpen etwa in seiner zweiten Lebenswoche auf einen Tisch, und er gelangt beim Umherkriechen an dessen Kante, dann wird er sofort aufhören, sich zu bewegen und stattdessen ganz erbärmlich anfangen zu schreien.

Wer nun glaubt, man brauche sich in dieser Phase nicht weiter um die Welpen zu kümmern, da sie ja weder hören, sehen, noch besonders gut riechen können, der irrt sich, denn Umweltkontakte sind auch jetzt schon ganz wichtig!

Sie brauchen direkte Kontakte in Form von Berührungen, denn sie können nur über den Tastsinn und den noch reduzierten Riechsinn mit der Umwelt kommunizieren und das ist auch in diesem frühen Stadium ganz wichtig für die Entwicklung der Hunde. Wir haben unsere Welpen von den ersten Tagen an nicht nur in der Wurfkiste gestreichelt, sondern haben sie mit zu uns aufs Sofa genommen, wo sie sichtlich zufrieden auf unserem Schoß schliefen und dabei wohlig vor sich hin brummten, als würden sie schnarchen. Wenn man sie dann mit einem Finger an der Schnauze berührt, fangen sie sofort an, daran zu nuckeln und stemmen ihre kleinen Vorderbeine kräftig gegen die Hand (Milchtritt); auch das Saugen wird also reflexartig ausgelöst. Lernen kann unser kleiner Schäferhund, der übrigens noch gar keine Ähnlichkeit mit einem solchen hat, in dieser Phase fast gar nichts. Das Welpengehirn ist, wie schon erwähnt, noch unterentwickelt, es sind keine Hirnströme feststellbar; erst mit ca. drei Wochen tritt eine erhebliche Änderung des EEG (Elektroenzephalogramm) ein, aber voll entwickelt ist es erst mit sieben bis acht Wochen. Dafür haben die Welpen nach zehn Tagen ihr Geburtsgewicht (450–700 g) in etwa verdoppelt, nach zwei Wochen manchmal sogar schon verdreifacht. Ab dem zehnten Tag öffnen sich allmählich die Augen, die zunächst eine blaugraue Färbung haben. Voll ausgebildet ist die Retina (Netzhaut) erst mit sechs Wochen. Auch die Ohren beginnen allmählich sich zu öffnen.

Die »Welpen-Milchbar« ist ständig umlagert. Dominante Welpen saugen zuerst.

Ich war und bin immer wieder absolut fasziniert und bewegt, wenn mich diese wunderbaren kleinen Geschöpfe mit ihren herrlichen Knopfaugen anschauen. Das viel zitierte »Kindchenschema« (Konrad Lorenz) funktioniert perfekt, und ich kann mich dem Charme und der Magie, die solch eine Welpen-Meute ausübt, nur schwer entziehen! Bei jedem unserer Würfe habe ich viele Stunden damit zugebracht, ihnen einfach nur zuzuschauen, meist in einem Schaukelstuhl sitzend und mit einem Becher Tee bewaffnet. Andere Dinge waren während der »Wurf-Zeiten« eher nebensächlich und konnten ruhig ein bisschen vernachlässigt werden – viel wichtiger, spannender und unterhaltsamer war das Beobachten der Welpen. Man braucht auch kein noch so aufregendes Fernsehprogramm, weil man ja täglich eine überaus interessante, abwechslungsreiche und lehrreiche »Live-Show« geboten bekommt!

Die Übergangsphase

Aber wenden wir uns nun der folgenden Übergangsphase zu, die nur etwa von der zweiten bis zur dritten Woche dauert: Sie beginnt mit dem Öffnen der Augen und endet dann, wenn die Welpen auf Geräusche aus ihrer Lebensumgebung reagieren. In dieser Zeit setzt eine enorme Veränderung der Hunde ein! Waren sie bislang

Die Augen und Ohren sind jetzt geöffnet.

in ihrer Passivität auf Stimulationen (z. B. Berührungen) von außen angewiesen, so können sie jetzt mehr und mehr aktiv ihre Umwelt erkunden und Beziehungen zu ihr aufnehmen.

Die einsetzende Umweltempfänglichkeit ist aber auch gleichzeitig eine Umweltempfindlichkeit, die allerdings noch nicht so weit geht, dass sie psychischen Stress empfinden und sich derartige Eindrücke einprägen. Die Welpen können jetzt, wenn auch noch sehr unbeholfen und wacklig, gehen, und sie machen sich zunehmend auf, das »Nest« zu verlassen, um zu erkunden, was diese Welt so alles zu bieten hat. Der Welpe beginnt instinktiv, sich möglichst zum »Lösen« vom seinem Wurflager zu entfernen. Dabei wird ihr Aktionsradius von Tag zu Tag größer, und die Hündin hat oft ihre liebe Not, wenn die kleinen »Entdecker« sich verlaufen haben und durch lautes Geschrei kundtun, dass sie nicht mehr weiter wissen.

Wir haben in dieser Phase die Welpen nicht mehr nur zu Schmusestunden aufs Sofa geholt, sondern sie mehr und mehr an unserem Alltagsleben teilhaben lassen. Kleine Hunde hatten übrigens für uns immer einen einzigartigen und wunderbaren Duft. So krabbelten sie denn mitunter schon morgens unter dem Frühstückstisch herum oder lernten in frühen Tagen Geräusche von Küchenmixer, Staubsauger, Föhn und Rasierapparat und den Menschengeruch kennen. In dieser Phase haben wir ebenfalls ganz behutsam das »Autofahren-Trainingsprogramm« gestartet, und das sah folgendermaßen aus: In den ersten Schritten wurde die kleine Hundemeute auf die Ladefläche unseres Kombis gepackt, und wir haben dort mit ihnen gespielt und sie gefüttert. Wenn sie sich dann an den Aufenthalt im Auto gewöhnt hatten, haben wir für einen kurzen Moment den Motor angelassen, um nun die Dauer des Motorlaufs schrittweise zu steigern. Nachdem schließlich das Motorengeräusch und die damit verbundene Vibration des Autos kein Problem mehr waren, konnten wir den ersten kleinen »Ausflug« um den Häuserblock wagen. Derartig vorbereitet haben unsere Hunde auch später nie Probleme beim Mitfahren im Auto gehabt.

Bei entsprechendem Wetter ging es natürlich auf Entdeckungsreise in den Garten. Die Welpen fangen allmählich auch an, die ersten spielerischen Kontakte zu ihren Geschwistern aufzunehmen, etwa durch Stupsen mit den Pfoten, gegenseitiges Beknabbern und Belecken. Außerdem lassen sich zu diesem Zeitpunkt bereits erste Unterschiede zwischen den Welpen erkennen: Die einen sind schon recht forsch und dauernd »auf Achse«, andere tun sich noch recht schwer damit, das Wurflager zu verlassen. Allmählich brechen bei den Welpen die Zähne durch, was das Säugen für die Hündin nicht angenehmer macht. Zum

»Nimmst Du mich mit?« Sollten Sie sich für einen Züchter entschieden haben – und er sich für Sie –, empfiehlt es sich, den heranwachsenden Welpen Ihrer Wahl möglichst oft besuchen zu kommen.

Ende der dritten Woche beträgt das Gewicht der Welpen das Sechs- bis Achtfache des Geburtsgewichtes.

Die Sozialisierungsphase

Wir kommen nun zur Sozialisierungsphase (dritte bis zwölfte Woche) mit ihrem Höhepunkt in der sechsten bis achten Woche. Sie wird auch die Prägungsphase genannt, und diese Bezeichnung lässt schon erahnen, von welch immens großer Bedeutung sie für unsere Welpen ist! In dieser Zeit wird der Grundstein für das Verhältnis des Hundes zum Menschen und zu seiner Umwelt gelegt. Jetzt sind Kontakte zu Menschen, zu anderen Hunden und eine möglichst breite Palette an Umwelterfahrungen von größter Wichtigkeit!

Wir haben diese Wochen immer wieder dazu genutzt, die Welpen unter unserer Aufsicht mit Kindern in Verbindung zu bringen. Auch unser Postzusteller wurde gebeten, dem Wurf »Hallo« zu sagen. Die Welpen sind nun, wenn sie nicht gerade schlafen oder fressen, ständig in Bewegung, um ihre Umgebung zu erkunden. Nichts ist mehr vor ihnen sicher, sie jagen allem, was sich bewegt hinterher, sei es dem Aufnehmer beim Wischen der Fliesen, einem Besen oder den Blättern im Garten. Ich kann mich gut an einen Wurf erinnern, dessen Welpen im Frühjahr sämtlichen Osterglocken in unserem Garten den Garaus machten, weil die im Wind schaukelnden gelben Blüten sie immer wieder zu den herrlichsten Fangspielen animierten. Auch meine Gartenhandschuhe waren häufig das Objekt der Be-

Verantwortungsvolle Züchter geben ihren Welpen viele Gelegenheiten neue Erfahrungen zu sammeln.

gierde, sie wurden überall hingeschleppt, die Welpen zankten sich darum und bei dem wilden Gezerre ging auch das eine oder andere Paar entzwei. Solche Erkundungstouren im Freien strengen die kleine Rasselbande mächtig an, und so schliefen denn unsere Welpen erschöpft wie sie waren einfach dort, wo sie sich gerade befanden, ein. Da mussten wir mitunter lange suchen, bis wir auch den letzten unter irgendeinem Busch, hinter einem Steinhaufen oder in der Gartenhütte gefunden hatten. Unsere Hündin Frana fand es unterdessen ganz angenehm, dass wir mehr und mehr das »Unterhaltungsprogramm« für ihre Kinder übernahmen, kam sie auf diese Weise doch zu ihren verdienten Ruhepausen. So ist das Einmischen des Menschen nicht nur der Prägung wegen wichtig, sondern auch, um die Hündin zu entlasten, die alleine mit dem gewaltigen Spielbedürfnis ihrer Welpen völlig überfordert wäre. Im Wolfsrudel übernehmen im Übrigen auch die anderen Rudelmitglieder die Aufgabe, sich um die Welpen zu kümmern, wenn die erschöpfte Hündin diesen zu verstehen gibt, dass sie sie gefälligst in Ruhe lassen sollen.

Mit der zunehmenden Selbstständigkeit der Welpen wird jetzt ohnehin das Verhalten der Mutter anders. Sie beleckt ihre Welpen weitaus weniger, da diese ja mittlerweile ihre »Geschäfte« allein und zwar außerhalb des Wurflagers erledigen. Allerdings hat unsere Hündin fast bis zur Abgabe der Welpen deren Hinterlassenschaften weggeleckt, wenn wir ihr nicht mit Schaufel und Eimer zuvorkamen. Auch wird die Hündin die Welpen beim Säugen schon mal wegbeißen oder sie steht einfach auf, um das Weite zu suchen, wobei manche dieser nimmersatten Meute sich derart festsaugen, dass sie noch ein paar Meter mitgeschleppt werden. Und wenn dann die geplagte Mutter einige Meter entfernt sich niederlässt, wird ihr flugs die ganze Bande folgen, und das Spiel beginnt von neuem. So wird sie zunehmend ruppiger und rauer mit ihren Kindern umgehen, sie anknurren, kneifen und auch mal zu Boden drücken.

Vielleicht wird Agility mal unser Lieblingssport …

Viele Hündinnen fangen in dieser Zeit an, Nahrung für die Welpen zu erbrechen und leiten somit ihrerseits die nun tatsächlich erfolgende Futterumstellung ein. Ungefähr zum Ende der dritten Woche wird man beginnen, den kleinen Hunden eine mit lauwarmem Wasser angerührte Welpenmilch anzubieten. Das ist anfangs ein sehr amüsantes Spektakel, da natürlich unsere Welpen mit der angebotenen Köstlichkeit nicht viel anfangen können, sie laufen mitten durch die Schüssel, setzen sich hinein und sorgen somit für die gleichmäßige Verteilung des Breis überall dort, wo er eigentlich gar nicht hin soll. Wir haben unserer Meute in den ersten Tagen geholfen und ihnen mit dem Finger ein wenig von dem Brei auf die Zunge geschmiert; den Rest lernten sie dann recht schnell. Außerdem haben wir von Beginn des Zufütterns an dieses mit einem bestimmten Lockruf (»Zippi, Zippi komm!«) gekoppelt, den die Welpen innerhalb weniger Tage so verinnerlicht (gelernt) hatten, dass sie auch ohne Futterschüssel auf dieses akustische »Signal« eiligst zu uns liefen. Dadurch bekommen die Hunde von Anfang an die positive Verknüpfung, dass es angenehm ist, wenn »Mensch« sie ruft. Interessant war übrigens, dass uns all unsere Welpen, auch nachdem sie uns teilweise jahrelang nicht gesehen hatten, sobald wir dieses Zauberwort (Zippi, Zippi komm!) riefen, derart freudig begrüßten, dass ihre Besitzer es kaum glauben mochten und fast schon eifersüchtig waren.

Die Entwicklung der Welpen schreitet mit Riesenschritten voran, sie wachsen zusehends, ihr Mienenspiel wird ausdrucksvoller, Rute, Ohren und Lefzen können schon deutlich den jeweiligen Gemütszustand mitteilen und so sehen sie insgesamt auch bereits einem Deutschen Schäferhund recht ähnlich! Die Hunde agieren jetzt vermehrt gemeinsam, d. h. wenn einer von ihnen eine bestimmte Richtung ansteuert, so werden ihm die anderen folgen. Dabei wird man feststellen, dass fast immer dieselben Welpen als Initiatoren solcher Entdeckungstouren auszumachen sind. In einem unserer Würfe zeichnete sich eine kleine Hündin namens Momo als unermüdliche, unerschrockene Anführerin ihres Rudels bei eben diesen Forschungsreisen aus; waren alle anderen vor Erschöpfung längst eingeschlafen, dann ging Momo allein auf Tour.

Das eben Beschriebene zeigt uns auch schon recht eindringlich, dass sich bei den Welpen die ersten Dominanzverhältnisse und damit so etwas wie eine Rangordnung entwickeln. Das kann man ebenfalls bei ihren Spielen erkennen, die zunehmend kämpferischer werden, sie streiten sich z. B. um einen Stock oder eine alte Socke und es gibt dabei Gewinner und Verlierer. Die einen sind aktiv,

Alles, was sich bewegt, ist von Interesse.

sie greifen an und wehren sich, die anderen sind eher passiv, flüchten oder unterwerfen sich. Außerdem fängt der Welpe in dieser Phase an, zwischen Bekanntem und Unbekanntem zu unterscheiden, und mit ca. sieben Wochen entwickelt er seine Angst vor Fremdem, die ungefähr bis zur zwölften Woche andauert. Dieses »Angsthaben« ist quasi ein Relikt aus der Wolfszeit: Die immer unternehmungslustigeren jungen Wölfe werden durch »Angsthaben« daran gehindert, sich allzu weit vom Rudel und der vertrauten Umgebung zu entfernen. Nun ist es aber keineswegs so, dass unsere Welpen vor lauter Angst die Wurfkiste nicht mehr verlassen, dazu sind sie viel zu neugierig! Sie werden allerdings vorsichtiger, laufen nicht geradewegs auf etwas Neues zu, sondern nähern sich schrittweise – getrieben von ihrer Neugier und gebremst von ihrer Angst. Eine vom Wind bewegte, raschelnde bunte Plastiktüte muss doch unbedingt näher untersucht werden. Solange sie also ruhig am Boden liegt, werden die Welpen sich ihr Schritt für Schritt nähern, sobald aber der Wind sie weitertreibt, wird die ganze Meute fluchtartig den Rückzug antreten. Auf diese Weise werden sie eine Weile wechseln zwischen mutiger Annäherung und ängstlicher Flucht, bis sie zum guten Schluss die Plastiktüte erreichen, diese eingehend untersuchen und sich dann anderen Dingen zuwenden oder vielleicht die Tüte in tausend Fetzen reißen, die sie dann stolz als Beute in Sicherheit bringen. Eine bunte Plastiktüte ist eben für die Welpen nicht einfach nur eine Plastiktüte, sondern ein Objekt, das neugierig macht und »lebt«.

Um es noch einmal ganz deutlich zu sagen: Wir befinden uns mitten in den wichtigsten Wochen des Welpenlebens! Hier werden die entscheidenden Weichen für das spätere Leben des Hundes gestellt! Alles, was dem Welpen jetzt widerfährt, egal ob positiv oder negativ – es prägt sich ihm ein und ist sozusagen löschungsresistent! Unsere Welpen brauchen viele Kontakte zu verschiedenen Personen, um den Menschen als einen der ihren und später als Rudelführer zu akzeptieren. Wir müssen ihnen

Schlafes Brüder: Wo ihnen die Augen zufallen, legen sie sich nieder. Nicht selten muss man nach fehlenden Welpen gründlich suchen.

die Möglichkeit bieten, ganz viel von ihrer und unserer Umwelt kennen zu lernen und sie brauchen den Umgang mit Geschwistern und anderen Hunden, denn sie müssen lernen, die Verhaltensweisen und Körpersprache ihrer »Kollegen« richtig zu interpretieren, da diese Fähigkeit nicht angeboren st. Würde ein Welpe dies nicht lernen, so könnte er zwar z. B. selber knurren und die Lefzen hochziehen, er würde aber bei einem anderen Hund nicht wissen, was diese Gestik zu bedeuten hat, und das könnte eventuell unangenehme Folgen haben, wenn vielleicht damit der andere die Verteidigung seines Spielzeugs andeutet. Fehlende oder unzureichende Sozialisierungsprozesse – ganz gleich in welcher Hinsicht – machen sich später deutlich bemerkbar! Eric H. W. Aldington sagt in seinem Buch »Von der Seele des Hundes« Folgendes:

»Die wichtigste Entscheidung, wie ein Hund einmal sein wird, fällt in den wenigen ersten Wochen beim Züchter!«

Sie merken also jetzt auch, warum ich zu Beginn erzählte, wie vorteilhaft ein frühzeitiger Kontakt zu Ihrem Welpen

Zufütterung: Heutige Ernährungskonzepte bieten viele Möglichkeiten, seine Hunde von Anfang an gesund zu ernähren.

standard gezüchteten Deutschen Schäferhund haben. Diese Form der Kennzeichnungspflicht hat sich über Jahrzehnte bewährt, jede vergebene Tätowiernummer ist in das Zuchtbuch für Deutsche Schäferhunde bei der Hauptgeschäftsstelle des Vereins für Deutsche Schäferhunde in Augsburg eingetragen und somit zentral registriert. Trotz dieser Methode besteht in einigen deutschen Regionen Chippflicht. In der Schweiz gibt es zurzeit noch keine generelle Chippflicht für Deutsche Schäferhunde, einzelne Kantone (z. B. Genf und Basel-Land) haben aber diese bereits erlassen. In Österreich müssen bis zum 31. Dezember 2004 alle Hunde gechipt werden (gilt schon jetzt im

ist – für Sie selbst, für den Hund und auch für den Züchter. Unsere Schäferhundwelpen sind nun mittlerweile acht Wochen alt geworden und das bedeutet, sie können tätowiert und an ihre neuen Besitzer übergeben werden. Beim Tätowieren wird den Welpen mit einer so genannten Tätowierzange die aus zwei Buchstaben und vier Zahlen bestehende Tätowiernummer in die rechte Ohrmuschel gedrückt. Diese Tätowiernummer wird ebenfalls in die Ahnentafel eines jeden Deutschen Schäferhundes eingetragen. Durch sie kann eindeutig die Identität des Hundes nachvollzogen werden, sie schützt vor Verwechslungen und garantiert Ihnen, dass Sie tatsächlich einen nach dem international geltenden Rasse-

Welpenspiel: Raufen gehört dazu.

Wichtig zu lernen: Meins und Deins.

die menschliche Gesellschaft gewöhnt zu ihren neuen Besitzern.

Das Abgeben unserer Welpen ist mir offen gestanden immer recht schwer gefallen, und beim Anblick des verlassenen Welpenlagers konnten wir uns in der Familie meist ein paar Tränen nicht erwehren. Es war schon immer wieder ein sehr komisches Gefühl, gehörten doch die Welpen acht Wochen mit zur Familie. Unsere Hündin Frana dagegen schien eher erleichtert, endgültig Ruhe vor den Plagegeistern zu haben! Sie freute sich jetzt ganz offensichtlich darauf, wieder auf dem Hundeplatz arbeiten zu können und auf ihre nächste Prüfung im Verein für Deutsche Schäferhunde! Der Züchter hat also nun seine Aufgabe – hoffentlich – gewissenhaft erfüllt, das heißt: Ab jetzt sind Sie dran …!

Bundesland Wien). Der Hund erhält in der Regel durch Ihren Tierarzt zusätzlich ein zweites Identifikationssystem (Implantation eines ISO-Transponders mittels Kanüle unter die Haut). Der Aufkleber mit der langen Chipnummer wird dann üblicherweise in das Impfbuch und zusätzlich auf die Ahnentafel geklebt.

Nun aber zurück zu unserem Wurf. Die Hunde haben schon ein stolzes Gewicht erreicht, werden in der Regel jetzt mit einer speziellen und hochwertigen Welpen-Trockennahrung (in Wasser eingeweicht) viermal täglich gefüttert. Sie wurden regelmäßig entwurmt und haben die ersten Impfungen durch den Tierarzt hinter sich. Eine ganz wichtige Phase im Leben des Hundes wird jetzt bald von dem neuen Schritt nach draußen ins Leben abgelöst. Gott sei Dank verliefen diese ersten Entwicklungsschritte der Welpen bei unseren Würfen ohne große medizinische Probleme (z. B. Infektionskrankheiten). Die kleinen Hündinnen und Rüden konnten also munter, gesund und an

Die Qual der Wahl oder: Wie finde ich meinen passenden Deutschen Schäferhund?

Prima – Sie sind ein Mensch, der aktiv ist, Bewegung an frischer Luft unabhängig von Jahreszeiten und Wetter mag, Hunde liebt und konsequent, aber tierfreundlich handelt. Hundehaare an der Jeans oder zusätzlicher Schmutz im Auto oder Haus bringen Sie nicht aus dem Gleichgewicht? Dann erfüllen Sie bereits wesentliche Eigenschaften pro Deutscher Schäferhund. Prüfen Sie Ihre Motivation genau, Ihr Hund will schließlich über zehn Jahre mit Ihnen leben. Dringend möchte ich von Überraschungskäufen für andere abraten, ein Deutscher Schäferhund ist ohne intensive Überlegung aller Beteiligten auf keinen Fall das passende Weihnachtsgeschenk. Viele tausend Hunde verschiedener Rassen landen nach Spontanideen anschließend im Tierheim oder werden ausgesetzt. Ich finde solche Geschichten immer wieder herzzerreißend, im Interesse von Mensch und Hund darf der Kauf eines Hundes immer erst am Ende sorgsamer Überlegungen stehen. Manchmal steht auch ein »Nein« am Ende dieses Reflexionsprozesses. Wer sich dann positiv entscheidet, erhält einen belastbaren, vielseitigen und wunderbaren neuen Freund fürs Leben. Besondere Probleme gibt es beim Einzug Ihres Welpen nicht, haben Sie aber bitte gemeinsam etwas Geduld in der ersten Zeit, damit Sie, aber auch Ihr Welpe sich mit der Lebensveränderung anfreunden können.

Da stellt sich zunächst einmal die Frage nach dem Geschlecht: Rüde oder Hündin? Und wie fast immer im Leben, so gibt es auch hier nicht die »eine Antwort«, sondern ganz viele »das kommt darauf an, ob ...«. Wenn Sie beispielsweise »Hunde-Anfänger« sind, kann die Hündin eine sinnvollere Lösung sein. Sie ist im Allgemeinen eher bereit, sich unterzuordnen, sich in Ihr Leben, Ihre Familie einzupassen, und ihre Erziehung ist somit auch weniger anstrengend. Als Nachteil wird oft die zweimal im Jahr einsetzende Läufigkeit empfunden. Ich habe das nie so erlebt, unsere Hündinnen waren während dieser Zeit weder besonders launisch, liebestoll, noch haben sie mehr »Dreck« gemacht als sonst, und wir haben alle unsere Hunde immer im Haus gehalten, denn wir haben gar keine Zwinger im Garten. Gegen die Blutungen gibt es außerdem sehr praktische »Hundehosen« und schließlich kann man nach einigen Läufig-

Auf Erkundungstour.

keiten in Absprache mit dem Tierarzt über eine so genannte Läufigkeitsspritze nachdenken. Dies sollten Sie aber auf jeden Fall gut bedenken und Abstand davon nehmen, falls Sie sich die Möglichkeit, einmal selber züchten zu wollen, offen halten möchten. Natürlich besteht keine zwingende Notwendigkeit, mit einer Hündin unbedingt züchten zu müssen. Viele Voraussetzungen müssen zuvor von den Eltern erfüllt sein, damit Welpen SV-Papiere, das Rasse-Echtheitszertifikat, erhalten können:

- BH-Prüfung
- Wesensfestigkeit auch im öffentlichen Verkehrsraum
- mindestens Schutzhundprüfung 1 oder IP 1
- Zuchtbewertung auf einer SV-Zuchtschau mit mindestens Bewertung »Gut«
- Ausdauerprüfung / mind. 20 km am Fahrrad laufen
- überprüfte Röntgenaufnahmen der Hüfte
- erfolgreiche Körung als eine Auslese unter den Zuchttieren

Aus Sicht einer Hunderasse sollten immer nur die besten und gesündesten Tiere zur Zucht eingesetzt werden.
Bei der den Schäferhunden nachgesagten Hüfterkrankung, der Hüftgelenksdysplasie (HD), ist schon vor vielen Jahrzehnten im Verein für Deutsche Schäferhunde eine Röntgenpflicht und strenge Auswertung für Zuchttiere eingeführt worden. Heute gibt es eine ständig aktualisierte HD-Zuchtwertschätzung als zusätzlichen und verbindlichen Zuchtplan zur Bekämpfung dieser Erkrankung. Die HD ist eine krankhafte Veränderung der Hüftgelenke im Bereich der Gelenkpfanne und des Oberschenkelkopfes. Die Ausprägung kann fließend von leicht bis schwer gehen und betrifft viele Hunderassen. Durch die züchterische Bekämpfung konnten überragende Ergebnisse erzielt werden. Fragen Sie immer den Züchter nach den HD-Werten der Eltern, sie sollten unter 100 liegen. Absteigend wird die Bewertung immer besser. Kontrollierte Zucht ist eine gewissenhafte Selektion und nicht einfach nur die Vermehrung von Hunden mit dem Blick auf den schnellen Euro. Im Wolfsrudel ist es immer nur die physisch und psychisch starke Alpha-Wölfin, die sich das Privileg erkämpft hat, für den Fortbestand der Art zu sorgen – alle anderen Wölfinnen erfüllen sozusagen die Rollen von »Tanten«, die die Mutter bei der Erziehung und Sozialisierung entlasten (siehe Sozialisierungsphase, S. 25). Das ist wahrlich von der Natur sehr clever so eingerichtet, denn es garantiert zum einen, dass sich wirklich nur die psychisch und physisch stärksten Tiere eines Rudels vermehren und sorgt zum anderen dafür, dass genügend Aufpasser und »erzieherische Hilfskräfte« zur Verfügung stehen!
Unser erster Deutscher Schäferhund war jedenfalls eine Hündin, und rückblickend betrachtet, denke ich immer wieder, dass diese Entscheidung genau die richtige Wahl war. Vielleicht möchten Sie aber keine Hündin oder Sie haben bereits Erfahrung in der Aufzucht, Haltung und Ausbildung von Hunden, dann können Sie es ruhig mit einem Rüden versuchen. Sie sollten sich auf jeden Fall darüber im Klaren sein, dass dieser in den meisten Fällen Ihre Autorität und Rolle als »Rudelführer« weit häufiger und ausdauernder in Frage stellen wird, als eine Hündin dies tut. Sie müssen ihm immer wieder konsequent und deutlich zeigen, welches seine Position innerhalb des Rudels ist, und dass er keine Chance auf einen Aufstieg hat! Im Übrigen kann ein verliebter Rüde, der den verlockenden Duft der läufigen Nachbar-Hündin in der Nase hat, mitunter weitaus anstrengender sein als eben diese Hündin.
Eine weitere ganz wichtige Frage gilt es ebenfalls im Vorfeld zu durchdenken: Soll Ihr Hund lediglich Familienhund sein oder haben Sie weitergehende sportliche Ambitionen in den diversen Betätigungsfeldern? Möchten Sie auf Ausstellungen Ihren gepräge- und gehaltvollen Hund im Ring präsentieren und erfolgreich sein, oder interessieren Sie sich vielleicht speziell als Leistungssportler für eine Schutzhundausbildung? Der Deutsche Schäferhund ist ein Multitalent mit einem riesigen Betätigungspotential, *innerhalb* des Rassestandards haben sich zwei Populationsbereiche entwickelt. Der Standard bietet dabei

Frisch im rechten Ohr (grüne Farbe) tätowiert: So ist der Deutsche Schäferhund lebenslang eindeutig identifizierbar.

genug Platz für beide Richtungen und wird auch von beiden akzeptiert. Sie werden oft kurz Leistung und Zucht/Schönheit genannt. Eine Richtung legt den Fokus vermehrt auf die Anatomie und die Ästhetik. Die Hunde sind in der Regel größer und gehaltvoller, die vorherrschende Farbe ist Schwarz-Braun mit intensiven Farbpigmenten. Die Leistungslinien legen bei der Zuchtauswahl verstärkt das Augenmerk auf die Arbeitsqualitäten des Gebrauchshundes, er ist tendenziell kleiner. Im Erscheinungsbild sind sie überwiegend dunkelgrau oder schwarz. Wichtig ist bei beiden Populationen, erkannte Mängel durch gezielte züchterische Planung perspektivisch zu beiseitigen.

Der Rassegründer, Max von Stephanitz, wollte den korrekt aufgebauten Deutschen Schäferhund, weil er für seinen Zweck – die Leistung – am ehesten tauglich ist. »Schön« lässt sich also auch mit anatomisch zweckmäßig übersetzen. Der ausdrucksvolle Deutsche Schäferhund besticht und imponiert durch seine Ausstrahlung. Ein Universalgedanke versucht, beide Aspekte zusammenzuführen, wobei es keine Zwangsvereinigung gibt. Im Rassestandard gilt es, »schön« und »gut« zu sein.

In der Einleitung habe ich schon einmal kurz das Thema Züchter angesprochen und möchte nun noch einmal darauf zurückkommen, denn Sie sollten Ihren Deutschen Schäferhund wirklich nur bei einem seriösen Züchter kaufen. Es gibt verschiedene Möglichkeiten, einen gewissenhaften, vertrauensvollen Züchter zu finden. Die einfachste: Sie kennen vielleicht schon einen solchen in Ihrer Nähe oder es gibt eine SV-Ortsgruppe an Ihrem Wohnort bzw. in der Umgebung; dort wird man sicherlich ein offenes Ohr, Zeit und eine passende Adresse für Sie haben.

In jeder Ortsgruppe gibt es einen Zuchtwart, der Ihnen Auskunft über die in Frage kommenden Züchter geben kann und ob diese gerade einen Wurf Welpen haben oder möglicherweise demnächst einen erwarten.

Eine andere Möglichkeit ist die direkte Kontaktaufnahme zu den Hauptvereinen für Deutsche Schäferhunde in der Bundesrepublik Deutschland, der Schweiz oder Österreich. Ein guter (Hobby-) Züchter wird sich Zeit für Sie nehmen und lange mit Ihnen sprechen. Er wird Sie auch ganz sicher nach Ihren Vorerfahrungen und den Unterbringungsmöglichkeiten befragen. Schließlich muss auch er ein gutes Gefühl dabei haben, dem potenziellen Käufer einen seiner kleinen Welpen anzuvertrauen. Welpenkauf ist absolut auch Vertrauenssache. Er berichtet Ihnen vielleicht auch von den besonderen Erfolgen seiner Zuchttiere auf Prüfungen oder Zuchtausstellungen. Bestimmt zeigt er Ihnen auch gerne die Mutter der Welpen und kann Ihnen erklären, warum er gerade diese Paarung zur Zucht gewählt hat. Natürlich beachtet er die Vorgaben der Zuchtordnung, seine Welpen und die Mütterhündin werden von einem Zuchtwart des Vereins wiederholt besucht. Ein seriöser Züchter hat das Ziel, gesunde, anatomisch korrekte und wesensstarke Deutsche Schäferhunde nach dem Rassestandard zu züchten. Mehrere Besuche Ihrerseits bis zum Abgabetag seiner Welpenrasselbande werden für einen engagierten Züchter kein Problem darstellen.

Übrigens: Der Vater-Rüde ist meistens nicht im Besitz des Züchters. Oft fährt er mit seiner läufigen Hündin viele hundert Kilometer zum gewünschten Deckpartner. Neben Geld investiert der Züchter viel Zeit und Energie in sein Hobby. Ich habe mit den Welpenkäufern immer einen oder auch mehrere Hausbesuche nach dem Verkauf ausgemacht, um zu sehen, wie »meine« Hunde untergebracht waren und sich entwickelten. Bei diesen Besuchen habe ich dann auch die roten SV-Papiere (Rasse-Echtheitszertifikat), die das Zuchtbuchamt des Vereins für Deutsche Schäferhunde kurze Zeit nach der Abgabe des Wurfes ausstellt, mitgebracht. Klar gab es dabei auch für den Welpen eine besonders leckere Futterration. Der Kontakt zum Welpenkäufer ist wichtig, um ihn bei Bedarf zu beraten, aber auch um zu erfahren, ob die Zuchtplanung wirklich wie geplant aufgegangen ist.

Auch der Preis für einen Deutschen Schäferhundwelpen gibt Ihnen Anhaltspunkte; er liegt mit etwa 450 Euro bis 850 Euro (700,– bis 1400,– sFr.) oft unter dem Preis anderer Rassehunde. Preisschwankungen ergeben sich etwa aus den unterschiedlichen Erfolgen der Eltern.

Unlängst las ich in einer Tageszeitung unter der Rubrik »Tiermarkt«: »Schäferhundwelpen zum Schnäppchenpreis von 50 Euro.« Unmöglich, dachte ich mir, kein seriöser Züchter kann dadurch seine Kosten für den Deckakt, Zuchtgebühren, Fütterung mit speziellem Welpenfutter, Impfungen, Entwurmungen, Tätowierung und die tierärztliche Begutachtung bestreiten. Artgerechte und verantwortliche Zucht sowie Tierschutz gibt es nicht zum Schleuderpreis.

Ich möchte Ihnen aus tiefster Überzeugung zu einem Deutschen Schäferhundwelpen mit einem SV-Rasse-

Mehr als 160 Mitgliedsvereine gehören dem Verband für das Deutsche Hundewesen (VDH) an. Im Bild die Geschäftsstelle in Dortmund.

Echtheitszertifikat (siehe Anhang) raten. Dies garantiert Ihnen eine kontrollierte und artgerechte Zucht mit überprüften Elterntieren und deren Vorfahren. Im Innenteil dieser Papiere können Sie auf den ersten Blick alle Vorfahren bis zu den Ururgroßeltern verfolgen. Ob Sie ein Leben lang Freude mit Ihrem Deutschen Schäferhund haben, entscheidet sich also oft schon beim Welpenkauf.

Der Verband für das Deutsche Hundewesen (VDH) und seine Mitgliedsverbände sehen sich mit ihren strengen Zuchtbestimmungen billigen Massenimporten bei vielen Rassen und Welpen aus unkontrollierter Zucht gegenüber. Ein Heimtiergesetz, das Mindestanforderungen für alle Züchter festschreibt, wird seit Jahren gefordert. Vielleicht haben Sie ja aber auch – wie wir bei unserem ersten Deutschen Schäferhund – nette Freunde (Bekannte, Verwandte, Nachbarn), die bereits einen Deutschen Schäferhund haben, mit dem sie rundum glücklich sind und die Ihnen darum gerne die Adresse des Züchters verraten!

Nehmen wir nun einmal an, die Züchter-Frage ist geklärt, ebenso haben Sie im Familien-Rat oder allein die Entscheidung Rüde oder Hündin getroffen und nun haben Sie das Glück, beziehungsweise das Pech, unter mehreren Welpen, »Ihren« Hund aussuchen zu dürfen/zu müssen! Was nun? Sie können sich nicht entscheiden? Wie denn auch – schließlich sind die kleinen Wollknäuel allesamt absolut bezaubernd, charmant, witzig, keck und alle gucken so lieb und herzerweichend. Da ist es dann mitunter gar nicht so schlecht, wenn einem die Entscheidung quasi abgenommen wird – wie bei uns. Unsere erste Deutsche Schäferhündin (Frana) haben wir – ich sagte es bereits – an ihrem dritten Lebenstag kennen gelernt. In diesem Wurf gab es fünf Rüden und zwei Hündinnen, die eine Hündin wollte der Züchter für seine eigene Zucht behalten, und die andere war »unsere Frana«! Welch' glückliche Entscheidung – etwas Besseres als diese Hündin konnte uns insbesondere als Anfänger gar nicht passieren!

Wenn Sie nun aber die Möglichkeit der Wahl haben, so gibt es sicherlich verschiedene Wege, um zu einer Entscheidung zu kommen. Da es z. B. beim Deutschen Schäferhund verschiedene Farbschläge gibt, könnte dies ein Kriterium sein. Das Fell des Deutschen Schäferhundes kann schwarz-braun (Kommissar Rex), grau, dunkelgrau oder auch komplett schwarz sein, und es ist durchaus möglich, dass in einem Wurf verschiedene Farbschläge vorkommen. Die Farbe Weiß ist nicht zugelassen.

Oft wird auch dazu geraten, den Welpen zu nehmen, der sofort ganz forsch auf einen zukommt und sich auch sonst als Rädelsführer hervortut – aber Vorsicht! Solche dominanten kleinen Persönlichkeiten sind manchmal nicht ganz einfach zu lenken und zu leiten und erfordern doch eher das konsequente Handling eines erfahrenen Ausbilders. Gerade für so genannte Hunde-Anfänger kann es zuweilen ratsamer sein, den etwas zurückhaltenderen, im Wurf nicht ganz vorne stehenden Welpen zu nehmen, da er sich meist leichter erziehen lässt und sich häufig durch eine besondere Anhänglichkeit an den Menschen auszeichnet. Sie können natürlich Ihre Wahl auch durch Beobachten bei Ihren Besuchen treffen. Welcher Hund war besonders agil, fraß zuerst, spielte viel, war dominant, zeigte Vertrauen und Zutraulichkeit, war unbeeindruckt bei Geräuschen oder auch besonders ausdauernd? Oder aber Sie »erarbeiten« die Entscheidung Hand in Hand mit Ihrem Züchter. Wenn Sie nämlich im Idealfall schon sehr früh Kontakt zu Ihrem Züchter und somit auch zu den Welpen aufgenommen haben und diese auch immer regelmäßig besuchen, so werden Sie in dieser Zeit ganz bestimmt auch viele interessante Gespräche mit eben diesem Züchter führen. Sie werden ganz viele Fra-

Züchterstolz: drei Hundegenerationen vereint.

gen an ihn haben und er wird Sie besser kennen lernen. Der Züchter hat seine Welpen im Verlauf ihrer Entwicklung bis zur achten Woche am intensivsten beobachtet, so dass Sie schließlich dem Rat des Züchters getrost vertrauen können. Wir haben jedenfalls des Öfteren unseren Welpenkäufern, wenn sie sich nicht entscheiden konnten, beratend zur Seite gestanden oder auch mal von einem Hund abgeraten, um einen anderen zu empfehlen. Der Züchter kennt ja nicht nur die Welpen sehr genau, sondern insbesondere natürlich die Hündin, den Rüden und eventuell Großeltern oder Geschwister, und auf dieser Grundlage beobachtet er seine Welpen selbstverständlich noch unter anderen Aspekten als Sie dies tun. Also, da Sie ja einen guten Züchter haben, verlassen Sie sich ruhig auf sein Urteil, denn er will doch auf jeden Fall, dass Sie mit dem bei ihm gekauften Welpen rundum glücklich und zufrieden sind und am besten den nächsten Hund wieder bei ihm kaufen! Ihr Erfolg mit dem Hund wird dann auch immer mit dem Züchternamen verbunden sein.

Es kann Ihnen allerdings passieren, dass nicht Sie den Welpen, sondern der Welpe Sie aussucht – da haben Sie dann keine Chance mehr, diese Entscheidung zu ändern. In der Tat passiert es mitunter, dass so ein kleiner Kerl gleich bei Ihrem ersten Besuch zu Ihnen kommt und auch gar nicht mehr von Ihnen weg will – das ist nun eben »Ihr Hund« und das ist auch richtig so! Lassen Sie sich auf das Abenteuer ein.

Wie auch immer Sie zu Ihrer Entscheidung gekommen sind, freuen Sie sich auf Ihren Welpen und stärken Sie sein Selbstbewusstsein, wenn er jetzt bald zu Ihnen nach Hause kommt. Eine unvergesslich spannende Zeit liegt vor Ihnen!

Ein Welpe zieht ein – in Ihr Haus und in Ihr Leben

Je näher der Tag »X« rückt, desto aufgeregter werden Sie wahrscheinlich sein! Ich kann mich jedenfalls noch sehr genau erinnern, dass es bei uns so war, als Frana zu uns kam. Es ist ein bisschen so wie bei einem Kind, wenn es Heiligabend voll freudiger Erwartung der Bescherung entgegenfiebert. Wir haben zumindest in der Nacht vor diesem »großen Ereignis« kaum schlafen können und wären eigentlich am liebsten schon morgens um sechs Uhr aufgebrochen, um endlich unseren Hund abzuholen!

Aber ein paar Vorbereitungen und auch Anschaffungen müssen Sie natürlich für Ihren Welpen erst noch treffen. Ein Deutscher Schäferhund ist kein Schoßhund und braucht deshalb kein Regenmäntelchen und auch nicht unbedingt ein Hundekörbchen, aber ein passendes Halsband, zum Beispiel aus weichem Leder, das verstellbar ist und dadurch in der ersten Zeit »mitwächst« sowie eine oder am besten zwei Leinen sollten Sie schon für ihn haben.

Außerdem empfiehlt sich der Erwerb von zwei möglichst rutschfesten Edelstahlnäpfen – einer für frisches Trinkwasser (sollte für den Hund ständig verfügbar sein) und der andere für sein Futter, davon sollten Sie idealerweise ebenfalls bereits eine Tüte bei sich zu Hause haben und zwar möglichst die Sorte, die die Welpen beim Züchter bekommen haben, das vermeidet Verdauungsprobleme. Zur Fellpflege reicht im Welpenalter eine Borstenbürste aus. Sehr sinnvoll und praktisch ist es, wenn Sie einige ausrangierte Frottee-Tücher gesammelt haben, denn damit kann man so einen kleinen Kerl ganz prima trocken und auch sauber rubbeln.

Als Hundebett können Sie eine ausgediente Wolldecke, einen alten Bettbezug oder Ähnliches verwenden. Darüber hinaus bietet Ihnen der Fachhandel natürlich eine breite Palette an Hunde-Kuscheldecken, Matratzen, Körben und so weiter an. Wie gesagt, Ihr Deutscher Schäferhund braucht so etwas nicht und Sie müssen natürlich damit rechnen, dass er die teure Spezial-Matratze mit der gleichen Wonne zerlegt wie das alte Bettlaken!

Auf jeden Fall sollte der Schlafplatz trocken und vor Zugluft geschützt sein und innerhalb der Wohnung oder des Hauses an einer zwar ruhigen, jedoch nicht von allem Geschehen abgeschirmten Stelle gewählt werden. Zu diesem Thema werden Sie im Folgenden noch weitere Ausführungen lesen können.

Ganz anders sieht es natürlich aus, wenn Sie Ihren Welpen von vornherein im Zwinger halten wollen, denn dann ist ja klar, dass sein Schlafplatz in einer entsprechenden Hundehütte ist. Der Zwinger sollte dabei gewisse Standard-Anforderungen (Größe 3 x 3 m oder 2 x 4 m, Überdachung, Boden, Seiten, Näpfe und Liegebrett) erfüllen. Eine gesonderte Flachdachhütte im Zwinger ist vorteilhaft.

»Ich brauch 'ne Pause.« Der sich erst entwickelnde Knochenbau darf beim jungen Hund nicht überlastet werden. Welpen wissen von selbst, wann sie ruhen müssen. Diese Auszeiten muss man ihnen lassen.

Ich persönlich ziehe allerdings die Unterbringung insbesondere des Welpen im Haus oder in der Wohnung vor, der Deutsche Schäferhund ist ein idealer Hund im Haus und passt sich unkompliziert Ihrem häuslichen Lebensrhythmus an. Aber das ist vielleicht auch Geschmackssache.

Ein paar Spielsachen sollten Sie selbstverständlich für Ihren Hund auch bereithalten, zum Beispiel einen Ball mit Schnur, ein geknotetes Seilstück, eine Beißwurst oder einen Ihrer alten, abgelegten Schuhe. Die Gegenstände dürfen nicht so schwer sein, dass der Welpe sie nicht tragen kann, andererseits müssen sie groß genug sein, damit er sie nicht verschluckt und es sollten sich möglichst keine Kleinteile ablösen. Im Übrigen wird Ihr Hund ohnehin den einen oder anderen Gegenstand Ihres Haushalts mit Beharrlichkeit zu seinem Spielzeug erklären! Frana beispielsweise hatte ein ganz besonderes Faible für unsere Socken, wobei es ihr nicht darauf ankam, ob diese getragen oder frisch gewaschen waren. Diese »Leidenschaft« hatte natürlich die Konsequenz, dass die Anzahl der »Single-Socken« bei uns sprunghaft anstieg!

Eine andere Vorbereitung sollten Sie ebenfalls vor der Ankunft des Welpen bei Ihnen zu Hause treffen: Informieren Sie Ihre Nachbarn über den zu erwartenden Einzug des neuen »Hausgenossen«, insbesondere dann, wenn Sie (wie wir am Anfang mit Frana) in einem Mehrfamilienhaus wohnen. Das Einbeziehen Ihrer Nachbarschaft in Ihre Planungen von Beginn an, wird mit ziemlicher Sicherheit eine positive Grundstimmung für den

Welpen (und später erwachsenen Hund) schaffen und die Bereitschaft Ihrer Mitmenschen steigern, sich nicht gleich aufzuregen, falls Ihr Hund bellt oder weil vielleicht auf den Fliesen im Hausflur ein paar Tapsen zu sehen sind. Als Frana bei uns einzog, sind meine Frau und ich mit dem Welpen auf dem Arm und je einem kleinen Blumenstrauß pro Nachbarfamilie durchs Haus gegangen, um sie überall »vorzustellen«. Und es liegt nun eben mal in der Natur der Hunde-Welpen, dass sich kaum ein Mensch dem Charme dieser Geschöpfe entziehen kann. Also, nutzen Sie diesen Vorteil und schaffen Sie ein möglichst für alle Beteiligten (Menschen und Hund) von Beginn an stressfreies Klima! Im Keller hatten wir einige Handtücher deponiert, mit denen wir erst mal den Hund richtig sauber und trocken rubbelten. Schnell hatte unser Hund übrigens alle Geräusche im Haus lokalisiert und bellte nicht, wenn Bewohner in ihre Wohnung ging. Vergessen Sie auf keinen Fall, für Ihren Welpen sofort eine ausreichende Haftpflichtversicherung abzuschließen und ihn bei der Stadt oder Gemeinde anzumelden.

»Hunde sind unsere Verbindung zum Paradies. Sie kennen nichts Böses, nicht Eifersucht oder Unzufriedenheit. Mit einem Hund an einem herrlichen Nachmittag an einem Hang zu sitzen kommt dem Garten Eden gleich, wo Nichtstun nicht Langeweile war – sondern Frieden.«
(Milan Kundera)

Vielleicht denken Sie während des Zusammenlebens mit Ihrem Hund manchmal an dieses Zitat des tschechischen Schriftstellers Milan Kundera zurück – und freuen sich über »Ihre« Verbindung zum Paradies!
Aber nun sollten Sie sich auf jeden Fall auf den Weg machen, um Ihren Welpen beim Züchter abzuholen. Wenn irgend möglich, sollte das vormittags geschehen, dadurch hat nämlich der kleine Hund die Gelegenheit, sich schon mal in Ruhe mit seiner neuen Umgebung vertraut zu machen und all die neuen Eindrücke – verbunden vielleicht mit ein paar Spieleinheiten – werden ihn dann (hoffentlich) abends ziemlich müde sein lassen – eine gute Voraussetzung für die kommende Nacht! Einige Tage Urlaub einzuplanen, erleichtert für alle die erste Phase des Zusammenlebens.
Wahrscheinlich werden Sie ja Ihren Welpen mit dem Auto abholen und da ist es äußerst empfehlenswert, zu zweit zu sein, damit sich eine Person auf das Autofahren und die andere auf das Hundekind konzentrieren kann. Eine gute Methode ist zum Beispiel, sich mit dem Welpen auf die Rückbank des Autos zu setzen, diesen auf den Schoß zu nehmen, zu streicheln und beruhigend auf ihn einzureden. Als nützlich kann sich auch das Mitnehmen einer Plastiktüte erweisen, falls der kleine Kerl unterwegs von Übelkeit geplagt werden sollte.
Zu Hause angekommen, macht es meistens Sinn, mit dem Welpen nach nicht allzu langer Zeit den Platz aufzusuchen, an dem er sich »lösen« kann – und falls es klappt, vergessen Sie bitte nicht, ihn ausführlich dafür zu loben oder ihn auch mit einem Leckerchen zu belohnen. Außerdem zeigen Sie dem Welpen, wo sein Wassernapf steht und wo sein Schlafplatz ist. Geben Sie ihm Gelegenheit, seine neue Umgebung in Ruhe zu erkunden, spielen Sie mit ihm und fangen Sie an, ihn mit seinem Namen zu rufen und anzusprechen, damit er sich rasch daran gewöhnt. Die erste Nacht, vielleicht auch die folgenden, können manchmal etwas anstrengend werden, aber ob das wirklich so ist, darauf haben Sie einen nicht unerheblichen Einfluss!
Wenn Sie sich darauf einlassen können, den Schlafplatz Ihres Welpen sagen wir mal für ungefähr die ersten zwei Wochen vor Ihrem Bett – wohlgemerkt: davor und nicht darin – einzurichten, so wird Ihnen das aus unserer vielfachen »Welpenerfahrung« eine Menge Stress und Arbeit ersparen! Zum einen lösen Sie damit das Problem, dass der Welpe die ganze Nacht winselt und weint. Er tut dies ja nicht, um Sie zu ärgern, sondern weil er sich einsam und verlassen fühlt, denn natürlich fehlen ihm die Mutter und Geschwister. Aber zum Glück hat er ja ein neues »Rudel« – Sie und Ihre Familie. Wenn er also auch

nachts in Ihrer Nähe sein darf, werden alle Beteiligten mehr Schlaf bekommen, als bei einem auf dem Flur oder wo immer eingesperrten, fiependen, jaulenden Hund.

Darüber hinaus werden Sie Ihren Welpen auf diese Art und Weise um ein Vielfaches schneller stubenrein bekommen, fängt dieser nämlich nachts an, unruhig hin und her zu laufen, dann sofort raus aus dem Bett, Jogging-Hose angezogen (sollte immer griffbereit liegen) und ab nach draußen! Ach, Sie meinen, das merken Sie im Schlaf doch gar nicht. Keine Angst – Sie merken es bestimmt, man bekommt fast automatisch eine »Antenne« dafür.

Nun wird es sicher mehr als nur einmal passieren, dass Sie fröstelnd und müde mit Ihrem Hund im Garten stehen und darauf warten, dass dieser endlich »sein Geschäft« erledigt. Der »denkt« aber gar nicht mehr daran, weil er mit der Verfolgung der über den Rasen wehenden Blätter beschäftigt ist. Bleiben Sie ruhig! Beim nächsten Mal klappt es schon! Eines ist jedenfalls sicher: Je konsequenter Sie zu Anfang Ihren Hund beobachten und besser zu viel als zu wenig mit ihm nach draußen gehen, umso schneller wird er stubenrein. Und nicht vergessen: Wenn es an der richtigen Stelle geklappt hat, freuen Sie sich über Ihren Hund wie über einen Sechser im Lotto!

Unser Rüde »Amos« (Sohn von Momo und Enkel von Frana) war in dieser Beziehung ein besonders pfiffiges Kerlchen, er hatte nach zwei Tagen begriffen, was wir von ihm erwarteten und meldete sich entsprechend zuverlässig, auch nachts. Soweit ich mich erinnern kann, ist bei ihm nur ein- oder zweimal etwas »daneben« gegangen. Und wenn so etwas passiert, halten Sie sich bitte mit überzogenen Bestrafungen des Welpen zurück, insbesondere bei Zeitunterschieden zwischen dem Missgeschick und der Entdeckung durch Sie, denn für ihn gibt es keinen Zusammenhang mehr. Nur wenn Sie den Hund auf frischer Tat ertappen, können Sie eingreifen, indem Sie ihn mit einem energischen »Pfui ist das!« hochnehmen und sofort nach draußen setzen. Er wird ob solcher »Behandlung« dann allerdings erst mal vergessen, was er eigentlich wollte, und Sie müssen wahrscheinlich nach ein paar Minuten erneut mit ihm in den Garten. Seien Sie also geduldig und konsequent, Ihr Deutscher Schäferhund wird dann schnell lernen, was Sie von ihm wollen. Wir bekamen alle Welpen relativ schnell stubenrein.

Wenn Ihr Welpe mit acht Wochen zu Ihnen kommt, wiegt er ungefähr zwischen fünf und sechs Kilogramm, er ist vollständig von der Muttermilch entwöhnt und wurde in der Regel beim Züchter viermal am Tag mit einem speziellen Welpen-Trockenfutter, eingeweicht in lauwarmem Wasser, gefüttert. Sie sollten unbedingt in den ersten Monaten genau dieselbe Sorte Futter wie der Züchter verwenden, eine abrupte Futterumstellung wird unweigerlich Verdauungsprobleme auslösen. Möchten Sie nach einiger Zeit dann doch eine andere Sorte Futter verwenden, beziehungsweise bei der Umstellung von Welpen- auf Juniorfutter, tun Sie das immer schrittweise, das heißt, mischen Sie ein wenig von der neuen unter die bekannte Futtersorte und verändern dann langsam die jeweiligen Anteile bis nur noch die neue Sorte im Napf ist. Bezüglich der Futtermenge lassen Sie sich von Ihrem Züchter beraten oder richten sich nach den Hersteller-Angaben.

Grundsätzlich aber gilt für Ihren Deutschen Schäferhund: Füttern Sie Ihren jungen Hund eher mäßig-knapp als zu stark. Es ist bestimmt kein falscher Geiz, sondern die Anatomie, die Morphologie (Gestalt des Hundes inklusive seiner Organe) und die Physiologie (Lebensvorgänge) Ihres vierbeinigen Freundes werden es Ihnen danken! Verzichten Sie auf ergänzende Mineralstoffe, ein hochwertiges Fertigfutter versorgt Ihren Hund wissenschaftlich fundiert und komplett.

Zu viel ist eher sehr schädlich. Halten Sie die Mahlzeiten Ihres Welpen möglichst regelmäßig ein und füttern Sie ihn immer an derselben Stelle. Während der Hund frisst, muss er in Ruhe gelassen werden. Lassen Sie den Napf nicht länger als einige Minuten stehen; hat der Hund dann noch nicht alles gefressen, nehmen Sie das restliche Futter weg und entsorgen es. Bitte nicht für die nächste Mahlzeit aufheben! Keine Sorge – Ihr Hund wird nicht verhungern, aber wenn Sie hier ebenfalls konsequent vorgehen, so wird er schnell lernen, dass eben zu den von Ihnen festgesetzten Zeiten gefressen wird, denn Sie sind der »Chef«. Das zügige Leeren der Futterschüssel ist auch bei der späteren Ausbildung des Hundes von Bedeutung. Unter Hunde-Leuten kennt man den Ausspruch:

»Wie der Hund frisst, so arbeitet er auch.«

Apropos arbeiten: Bei den jeweiligen Fütterungen lassen sich wunderbar die ersten kleinen Übungen für Ihren Vierbeiner einflechten. Wenn Sie die gefüllte Futterschüssel in der Hand halten, wird der Welpe sehnlichst darauf warten, dass Sie diese vor ihn auf den Boden stellen. Meistens setzt er sich dann von ganz allein hin und »himmelt« die Schüssel in Ihrer Hand an, Sie können nun diese ja noch zufällige Handlung des Welpen mit dem Hörzeichen »Sitz«, ruhig und etwas lang gezogen gesprochen, koppeln. Sie werden sehen, wenn Sie so ein paar Tage lang geübt haben (natürlich wie immer mit viel Lob), wird der Welpe sich alsbald auf Ihr Hörzeichen »Sitz« auch dann hinsetzen, wenn Sie keine Futterschüssel in Händen halten.

Auch das Verbellen haben wir so bereits früh geübt. Die Futterschüssel wurde gezeigt, aber noch verwehrt (»Das Sperren spornt das Begehren«). Zeigte der Welpe den Ansatz des Bellens, habe ich dies mir dem Hörzeichen »Voran« gekoppelt und durch die Futterschüssel verstärkt. Recht schnell lernten die jungen Hunde, auf Hörzeichen zu verbellen. Dadurch wurden sie keineswegs zu »Kläffern«, im Gegenteil, ich nutzte diese Methode für den Aufbau eines aktiven und dominanten Verbellens im Schutzdienst. Alle meine Hunde beginnen heute auf Hörzeichen das Verbellen und stellen es auf Hörzeichen von mir auch wieder sofort ein.

Einander richtig bekannt gemacht, kommt der Deutsche Schäferhund mit anderen Hunderassen prima aus.

Kurz nachdem der Hund gefressen hat, sollten Sie ihn ins Freie bringen, damit er sich »lösen« kann, das klappt nach den Mahlzeiten fast immer. Ansonsten ist nach dem Fressen insbesondere für den jungen Hund Ruhe angesagt, und dies sollte auch wirklich von allen Familienmitgliedern, egal ob Kind oder Erwachsener, respektiert werden! Füttern Sie den Welpen möglichst nicht zwischendurch, ausgenommen sind natürlich die Belohnungs-Leckerchen. Insbesondere empfiehlt es sich, erst gar nicht mit der Unsitte anzufangen, den Hund bei Tisch mit den Resten unserer Mahlzeiten voll zu stopfen, denn erstens ist unsere Nahrung vor allem für den jungen Hund ungeeignet und zweitens ist es wenig attraktiv, wenn ständig ein sabbernder, bettelnder Hund neben dem Tisch sitzt.

Ich möchte noch einmal auf das Thema »Schlaf- bzw. Ruheplatz« zurückkommen. Sie haben sicher schon gemerkt, dass es hierfür nicht unbedingt ganz feste Regeln gibt – es hängt eben ein bisschen davon ab, worauf Sie sich einlassen können und auch davon, wie die Bedürfnisse Ihres Welpen sind. Man muss übrigens keine Angst davor haben, dass der Hund nur noch im Schlafzimmer übernachten will, weil man ihn als Welpen eine Zeit lang dort hat schlafen lassen. Unsere Hunde haben alle mit zunehmendem Alter unser Schlafzimmer verlassen, um sich wo auch immer im Haus den für sie idealen Platz zu suchen. Dieser Platz wechselt zum Teil bedingt durch die Jahreszeiten, im Winter kommen sie eher mit uns in die obere Etage und im Sommer ist es eben im Erdgeschoss auf den Fliesen angenehmer.

Frana hatte sich als Welpe in unserer Wohnung einen ganz besonderen Platz ausgesucht – sie hatte allerdings »vergessen«, uns über ihre Wahl zu informieren und das führte dann zu einer großen Aufregung und Suchaktion! Ihr eigentlicher Platz war in einem Winkel des Flures, aber eines Tages hatte sie es sich anders überlegt. Ich war im Arbeitszimmer am Schreibtisch beschäftigt und als ich irgendwann nach unserem Hund schaute, war Franas Platz leer. Sie war auch nicht bei meiner Frau im Wohnzimmer, unser wiederholtes Rufen brachte keinen Hund zum Vorschein. Wir fingen nun an, die Wohnung Zimmer für Zimmer systematisch zu durchsuchen, nicht ohne dabei immer wieder ihren Namen zu rufen – leider alles ohne Erfolg. Langsam fingen wir an, uns ernsthafte Sorgen zu machen, aber sie konnte unmöglich aus der Wohnung raus – oder doch? Als wir, der Verzweiflung schon recht nahe, auf dem Fußboden im Schlafzimmer umherkrochen, um nochmals unter das Bett zu schauen, fiel unser Blick auch in den Kleiderschrank, dessen eine Schiebetür geöffnet war. Und irgendwie hatte sich doch in dem untersten Fach etwas bewegt? So war es in der Tat, Frana hatte inmitten unserer Jogging-Hosen und Hunde-Pullover ihren Lieblingsplatz ausgemacht! Dorthin zog sie sich vor allem immer dann zurück, wenn sie wirklich absolut in Ruhe gelassen werden wollte, so lange, bis sie eines Tages nicht mehr in jenes Schrankfach hineinpasste.

Aber kommen wir zurück zu Ihrem Welpen. Ein Halsband und eine Leine haben Sie ja gekauft – nun muss sich Ihr Hund allerdings erst einmal daran gewöhnen. Die ersten Versuche, ihm das Halsband anzulegen, können schon recht anstrengend sein, denn Ihrem Welpen entzieht sich verständlicherweise jegliche Einsicht, warum er dieses »Ding« tragen soll. Ist es dann endlich gelungen, das Halsband an der richtigen Stelle anzubringen, so wird meist das Hundekind alles ihm Mögliche unternehmen, um es loszuwerden. Auch hier gilt wieder der Grundsatz: Seien Sie geduldig, aber genauso beharrlich. Gewöhnen Sie dem Hund an, dass morgens, bevor es raus geht, das Halsband angelegt wird, nach einer Weile wird er sich sogar darüber freuen, weil er gelernt hat, dass im Anschluss sein Spaziergang mit Ihnen auf dem Plan steht. Wir brauchen morgens nur einmal kurz mit den Glieder-Halsketten unserer drei Hunde zu klappern, und sie kommen im wahrsten Sinne des Wortes wie »der geölte Blitz« zu uns gestürmt. Nachts sollte das Halsband oder später die Kette abgenommen werden, Sie beugen dadurch auch einem Haarbruch am Hals vor.

Ebenso gilt es nun, Ihren kleinen Deutschen Schäferhund mit der Leine vertraut zu machen. Er wird mit ziemlicher Sicherheit anfangs heftig gegen diese Art der »Freiheitsberaubung« protestieren, in eine andere Richtung wollen als Sie oder Ihnen die Leine um Ihre Beine wickeln. Zerren Sie den Welpen nicht gewaltsam an der Leine hinter sich her, auch Anschreien bringt hier keinen Erfolg, im Gegenteil. Stattdessen reden Sie ihm mit freundlichem Tonfall gut zu, halten ihm sein Lieblingsspielzeug oder ein Leckerchen vor die Nase und nicht vergessen: Ausgiebig loben, wenn er ein paar Schritte neben Ihnen gegangen ist! Sie müssen es interessant für den Hund machen, bei Ihnen zu sein, denn er will ja mit Ihnen zusammen lernen. Vergessen Sie dabei aber bitte nicht, dass Sie den Welpen zwar erziehen, doch noch nicht ausbilden! Und übertreiben Sie es bitte nicht, der kleine Kerl kann noch nicht eine

halbe Stunde an der Leine gehen. Besser sind mehrere jeweils kurze Übungs-Einheiten.
Überhaupt ist es wichtig, den Welpen nicht zu überfordern, er braucht unbedingt seine Ruhephasen und noch recht viel Schlaf. Als Auslauf reicht in der ersten Zeit der heimische Garten völlig, erst allmählich kann man beginnen, kleinere Spaziergänge zu unternehmen, deren Dauer man dann behutsam steigert. Von Anfang an klarmachen sollten Sie Ihrem Hund die Regeln, die er im Zusammenleben mit Ihnen einhalten muss. Wenn Sie zum Beispiel nicht möchten, dass er es sich auf Ihrem Sofa gemütlich macht, so sollten Sie dies sofort konsequent unterbinden. Meist genügt schon ein energisches »Pfui ist das!«, falls man deutlicher werden muss, ist der schüttelnde Griff im Nackenfell angemessen – so erzieht auch die Hündin ihre Welpen. Wichtig ist vor allen Dingen, dass sich alle Familienmitglieder über die einzuhaltenden Regeln einig sind und nicht der eine erlaubt, was der andere verbietet – ganz ähnlich wie bei Kindern.
Ansonsten sollten Sie Ihrem neuen Mitbewohner wie vor Ihnen bereits der Züchter immer wieder neue Umwelterlebnisse bieten, wobei auch dafür gilt: Nicht alles auf einmal, sondern wohl dosiert in kleinen Portionen. Wenn der Welpe bei Ihnen im Haus oder in der Wohnung lebt, bekommt er ja ganz automatisch jede Menge Eindrücke und Erfahrungen, darüber hinaus sollten Sie ihn, wann immer es geht, mitnehmen, so kann er sich an Situationen verschiedenster Art gewöhnen. Egal ob Sie Freunde besuchen, in ein Café gehen, zur Post oder in ein Kaufhaus – nehmen Sie Ihren jungen Deutschen Schäferhund mit, zeigen Sie ihm die »Welt« und helfen ihm damit, sich fortlaufend immer weiter zu einem wesensfesten, selbstsicheren, sozialverträglichen Hund zu entwickeln.
Natürlich sollte der Welpe auch Gelegenheit haben, Kontakte zu Artgenossen aufzunehmen, hierzu sind die vielfach von Vereinen oder Hundeschulen angebotenen Welpen-Spielstunden eine gute Möglichkeit. Erkundigen Sie sich, ob es in Ihrer Nähe solche Angebote gibt, informieren Sie sich über eventuelle Unterschiede und schauen sich gegebenenfalls den Ablauf erst einmal ohne Hund an. Als Voraussetzung für die Teilnahme gilt meist, dass Ihr Hund gesund und komplett geimpft ist, außerdem sollte er sich schon ein bis zwei Wochen bei Ihnen zu Hause eingewöhnt haben. Die Welpen-Gruppe sollte aus Hunden unterschiedlicher Rassen bestehen, die möglichst nicht älter als sechs Monate sind, sonst besteht die Gefahr, dass die »Kleinen« von den Älteren zu sehr eingeschüchtert werden.
Außerdem sollten Sie Ihrem Deutschen Schäferhund-Welpen natürlich viele Kontakte zu gut sozialisierten Hunden aller Altersgruppen ermöglichen. Aber verlassen Sie sich nicht darauf, dass der Welpe bei erwachsenen Hunden pauschal den so genannten »Welpenschutz« genießt, meistens funktioniert es zwar, aber eben nicht immer. Das hängt zum Beispiel ab von der Veranlagung und den eigenen Erfahrungen in der Sozialisierungsphase. Lassen Sie jedenfalls Ihren Welpen nicht einfach so auf jeden Hund zulaufen, der Ihnen beim Spaziergang begegnet, fragen Sie lieber einmal zu viel als zu wenig, und im Zweifel vermeiden Sie auch mal eine direkte Begegnung.
Lassen Sie nun Ihre Fantasie, Ihr Herz und Ihren Verstand bei der Begleitung und Erziehung Ihres Deutschen Schäferhund-Welpen zum Zuge kommen – Sie werden sehen, es macht unheimlich viel Spaß, mit diesem wunderbaren Hund zusammenzuleben und zu lernen!

III. Das Flegelalter

Vom 5. bis zum 24. Monat

Wir können uns sehen lassen: Der Deutsche Schäferhund zählt zu den beliebtesten Hunderassen weltweit.

Die kreative Dynamik – aus dem Welpen wird ein leistungsfähiger Gebrauchshund

»Dem Hunde, wenn er gut erzogen, wird selbst ein weiser Mann gewogen.« (Johann Wolfgang von Goethe)

Das Flegelalter

Recht schnell vergeht die Zeit, in der aus Ihrem kleinen, manchmal tollpatschigen Welpen-Wollknäuel ein junger Hund wird. Für manchen ist dieser überschaubare Zeitraum viel zu kurz gewesen, machte es doch gerade im Welpenstadium viel Vergnügen, die täglichen Streiche zu beobachten. Sie konnten getrost Ihr Fernsehgerät verleihen, der Deutsche Schäferhundwelpe bot Ihnen bisher schon Krimi, Sport, Quiz und »Daily soap« zugleich. Der Hund zeigte seine geistige und körperliche Vitalität, indem er sich für alles interessierte und seine Umwelt neugierig erkundete. Die Entwicklung und der Reifungsprozess haben jetzt bereits elementare Phasen im Leben Ihres Welpen durchlaufen. Die ersten Monate beeinflussen die Prägungen für das gesamte Leben des Hundes. Ein deutliches Größenwachstum hat eingesetzt und verleiht dem Hund schon mehr Ausdruck. Das begeisterte und unbefangene Auf-den-Hund-Zugehen, ihn streicheln zu wol-

Auch für den Halter keine ganz einfache Zeit: das Flegelalter.

len und es mit einem lobenden »ach, ist der aber niedlich …« zu kommentieren, ist dann auch für Ihre soziale Umgebung bald vorüber. Jetzt gilt es, nach den begonnenen Erziehungsschritten, den Rüden oder die Hündin kontinuierlich mit Sach- und Fachverstand auszubilden.

Hundebesitzer trauen sich vielleicht nicht die Fähigkeit zu, ihren jungen Deutschen Schäferhund auszubilden oder unterlassen die zeitlich richtig eingesetzten pädagogischen Maßnahmen. Es klappt nicht alles wie von Zauberhand, wie im Fernsehen bei »Kommissar Rex«. Der Hund kommt nicht auf Zurufen zurück zum Besitzer, er springt unerwünscht andere Personen an, zieht Sie beim Spaziergang fast über den Bürgersteig oder hat das Sofa im Wohnzimmer als seinen Lieblingsplatz ausgemacht. Vielleicht knurrt er Sie auch an, wenn er etwas absolut nicht will. Bitte bedenken Sie: Ihr Hund ist in der Flegelzeit. Ausbildung mit Liebe, kühlem Kopf und Konsequenz ist dringend notwendig. Die immer dichtere Besiedlung in Städten und Dörfern und der Anspruch der Gesellschaft nach sozialverträglichen Hunden macht die tierschutzgerechte Erziehung und Ausbildung immer notwendiger. Es gilt, gesellschaftlich ein gutes und respektvolles Miteinander zwischen Hundehalter und Nichthundehalter zu entwickeln und zu fördern. Dazu sind die Erziehung und die Ausbildung des Hundes notwendig! Das Problem: Sie sprechen, sagen wir mal, deutsch, aber Ihr Hund versteht nur Chinesisch. Das bedeutet, Sie müssen die Übersetzung lernen und lehren, damit Ihr Hund versteht, was Sie von ihm wollen und erwarten.

Unsere Liebe zum Deutschen Schäferhund und dessen wahrlich erstaunlichen Sinnesfähigkeiten, etwa durch genaues Beobachten zu lernen, dass Herrchen oder Frauchen immer nach dem Ausdrücken der Zigarette im Aschenbecher am Abend mit ihm Gassi geht, schreiben dem Tier zum Teil logische Denkeigenschaften zu. Aber Hunde denken nun mal nicht logisch und haben auch keine moralische Einsicht in ihr Tun und Handeln. Dies beschrieb bereits der weltberühmte Verhaltensforscher Konrad Lorenz in seinem Buch »So kam der Mensch auf den Hund«:

»Zugestanden, die Treue eines Hundes findet nicht leicht ihresgleichen unter den sozialen Loyalitäten des Menschen. Dafür kennt aber der Hund jenes Labyrinth oft einander widersprechender moralischer Verbindlichkeiten nicht …«

Und genau diese Beschreibungen konnte ich bei meinen Deutschen Schäferhunden in der alltäglichen Praxis beobachten. Die Beobachtungen und Wertungen von Kon-

Erste Fährtenübungen.

rad Lorenz gelten nicht nur für eine Rasse, sondern haben rasseübergreifende Gültigkeit. Ihr Hund will Sie bestimmt nicht ärgern, wenn er die Tüte Salzstangen oder das Stückchen Wurst vom Tisch klaut und schnell frisst oder in Sicherheit bringt. Auch das vielleicht sehr ärgerliche Urinieren auf den Teppich hat für Ihren Vierbeiner keinerlei moralische Dimension, egal ob der Teppich günstig aus dem Baumarkt erworben oder ein wertvolles Erbstück von der Großmutter ist. Er weiß noch nicht, was er soll oder nicht, die Übersetzung vom Deutschen ins Chinesische hat noch nicht geklappt! Ein entsprechender Lernschritt ist noch nicht vollzogen und abgesichert. Nur durch konsequentes Handeln und wiederholtes Üben wird Erlerntes gespeichert. Bringen Sie Ihrem Hund konsequent bei, dass ein »Nein« von Ihnen auch definitiv ein Nein bleibt. Und genau diese (liebevolle) Konsequenz und sichere Verhaltensnorm will der Hund auch.

Der Deutsche Schäferhund ist als Gebrauchshund gezüchtet worden, er ist keine Modehundrasse, die nur auf dem Sofa liegen oder getragen werden möchte. Ein Gebrauchshund, dessen universelle Fähigkeiten ausgeformt und gearbeitet werden müssen. Die Beschäftigung und das Lernen ist für diese »intelligente« Rasse unverzichtbarer Bestandteil für eine artgerechte Haltung. Seine hohe genetische Lernfähigkeit und Arbeitsbereitschaft machen ihn später in seinem Leben auch sehr universell einsatzfähig. Wenn Sie dauerhaft zu einem echten Freund Ihres Hundes werden wollen, erfordert dies den Aufbau von Vertrauen durch Förderung und Forderung des Tieres. Diese Flegelzeit wird dann für Sie eine ganz neue Herausforderung in der Beziehung zum Hund. Vielleicht manchmal nervig und anstrengend, aber lohnenswert und wunderbar in jedem Fall. Ich selber habe mich immer auf diese Zeit gefreut, wenn die behutsame Ausbildung begann und sich fortlaufend eine neue, intensive Beziehungsqualität zu meinem Hund entwickelte.

Übrigens auch der Hund arbeitet jetzt gerne mit Ihnen als seinem Rudelführer, aber bitte beachten Sie, dass es hier nicht zu Überforderungen kommt. Die Arbeit muss lustvoll und triebfördernd und dynamisch motivierend für unseren Hund sein. Lassen Sie ihn beispielsweise beim Spielen und Kämpfen um den Stock im Wald gewinnen, indem er nach dem Streitigmachen der Beute (Stock) diesen für sich behält Erwarten Sie aber nicht zu früh zu viel, schließlich wird ein Kind auch mit ca. 7 Jahren zunächst eingeschult und macht noch nicht gleich das Abitur. Überforderung, falscher Zwang und zu frühe Unterordnung sind schlechte Wegbegleiter für eine gute Beziehung. Widerstehen Sie auch den Versuchungen, vielleicht Ihren Freunden oder Nachbarn zeigen zu wollen, was Ihr Hund schon mit wenigen Monaten gelernt hat. Ein junger Hund muss junger Hund sein dürfen, damit er später Selbstvertrauen und Belastbarkeit entwickeln kann. Das Meute-Verhältnis (Mensch-Hund) wird bald zunehmend mehr als nur Welpenspiel. In dieser Phase erfährt der junge Schäferhund Ihre Kompetenz als Rudelleittier, in der Natur ist hier eine klare Führung und natürliche Autorität für den jungen Hund vorgesehen. Dies ist aber nicht zu verwechseln mit einer Mischung aus Inkonsequenz und anschließendem Vertrauen tötenden strengem Zwang.

In der Vorpubertätsphase nach Eberhard Trumler verstärken sich das flegelhafte Verhalten und die Herausforderungen und Provokationen gegenüber dem Hundeführer als »Leittier«. Der Hund sucht seinen Platz im Rudel. Bei sehr dominanten und selbstbewussten Hunden kann es hier zu Machtkämpfen kommen. Wehren Sie in dieser Phase sehr konsequent und deutlich die Machtansprüche des jungen Hundes ab. Dies funktioniert natürlich nicht mit ausgiebigen Diskussionsübungen, eine situationsgerechte, zeitnahe und besonnene Körperlichkeit ist teilweise angebracht Eine Reaktion, die es so auch im Rudel geben würde. Der Junghund muss lernen, dass er nicht Chef ist, sondern einen tieferen Rang im Rudel besitzt. Hat der Hund dies gelernt, wird er zu einem sicheren Rudelmitglied, also auch im Familienverband, der Ihre natürliche Autorität anerkennt und sich dadurch wohl fühlt. Nichts wäre schlimmer in dieser Entwicklungsphase, als ein orientierungsloses Vakuum.

Die Liebe zum Tier, Besonnenheit und Verlässlichkeit ebnen einen positiven Ausbildungsprozess. Ein Kadavergehorsam ist deutlich abzulehnen, nur in den Köpfen der Vorgestrigen finden neue Erkenntnisse der Lernpsychologie und Methoden keinen Platz. Der Hundeführer selber muss sich in die Psyche der Hunde und deren jeweilige Entwicklungsstände versetzen. Aus Spiel und weiteren konsequenten Ausbildungsschritten wird die Bindung des Hundes zum Hundeführer erste Priorität entwickeln. Er will mit Ihnen lernen und leben, Sie stehen im Fokus des Hundes und nicht seine Artgenossen. Die Basis für die weitere Ausbildung wird dadurch von Tag zu Tag breiter. Es ist auch ein tolles Gefühl mitzuerleben, wie sich Ihr Hund kontinuierlich entwickelt und lernsicherer wird. Manchmal mag ja auch klammheimliche Freude aufkommen, wenn sich Ihr Hund auf Sie konzentriert und mit Ihnen spielt, während andere Hunde beim Spaziergang ihre Besitzer »grußlos« stehen lassen und mit anderen Hunden beschäftigt sind und auch nach wiederholtem Rufen keinerlei Anstalten zeigen, zu kommen. Der Volksmund kennt das Sprichwort »Was Hänschen nicht lernt, lernt Hans nimmermehr …«

Es muss nicht das frisch bepflanzte Blumenbeet sein. Zeigen Sie dem jungen Hund frühzeitig, wo sein Platz im Garten ist und wo nicht.

Was Ihr junger Hund in dieser Zeit falsch lernt, nimmt er als »verbrieftes Recht« mit ins Erwachsenenalter. Es ist doch schade, wenn er durch fehlerhafte Verknüpfungen später nicht mit Ihnen frei joggen kann, weil er umherstreunt oder wildert. Auch das permanente Ankläffen anderer Hunde kann zu einer Nervensäge werden. Seien Sie also mit Konzentration bei der Sache, wenn Sie mit ihrem Hund üben.

Einen Deutschen Schäferhund auszubilden ist im Übrigen nicht besonders kompliziert. Aber Vorsicht: Hatten Sie selber einen schlechten Tag am Arbeitsplatz oder vielleicht Stress im sozialen Umfeld und sind deshalb gereizt und »angefressen« – dann keine Ausbildung! Gehen Sie dann lieber mit Ihrem Hund in den Wald und bauen dadurch Ihren Stress ab, Ihr Hund und Ihre Seele werden es Ihnen danken. Zu schnell kann ansonsten überreagiert oder sogar cholerisch gehandelt werden. Vertrauen geht verloren und Ausbildungsfehler schleichen sich ein, die manchmal wie in einer Datei »schreibgeschützt« sind und deshalb bleibenden Schaden verursachen könnten. Angst und Stress sind die schlechtesten Wegbegleiter beim Lernen, egal ob für den Menschen oder den Deutschen Schäferhund.

Wie lernt mein Hund eigentlich?

»Kinder und Hunde sind ebenso nötig für das Wohl des Landes wie Wall Street und die Eisenbahnen.« (Harry S. Truman)

Wäre es nicht eine super Angelegenheit: Sie gehen in Ihre Lieblingsbuchhandlung und kaufen sich ein oder zwei Ausbildungsbücher, sagen wir mal, einen Mega-Comic und eine reichhaltig bebilderte kynologische Facharbeit. Diese Bücher übergeben Sie Ihrem Hund, aktivieren den »Autostart« und schon werden die Inhalte Kapitel für Kapitel geladen und auf der Festplatte Ihres Hundes gespeichert. Das wäre schön, denken Sie vielleicht. Nun, Ihr Hund würde die Lektüre sicherlich gerne annehmen, kräftig und interessiert damit spielen und einen Papierfetzensalat daraus machen. Der gewünschte Lernerfolg wäre allerdings logischerweise nicht vorhanden! Um zu verstehen, wie die Lernprozesse ablaufen, müssen wir uns zum einen mit dem Innenleben des Hundes beschäftigen und seine Sinne und speziellen Nerventätigkeiten erkunden und zum anderen etwas über die Lerngesetze erfahren.

Die Instinkte sind das Steuerungssystem

Wie bei uns Menschen ist auch beim Deutschen Schäferhund das Gehirn die Schaltzentrale und der Rechner und Impulsgeber schlechthin. Das Hundegehirn wiegt allerdings weit weniger als ein Prozent des eigenen Körpergewichtes. Diese Hochleistungszentrale wird aber am intensivsten im gesamten Hundekörper durchblutet. Power pur auf kleinstem Raum. Hier werden Informationen und Reizeinflüsse biochemisch-neurologisch verarbeitet.

Das Handeln des Hundes unterliegt, wie bereits erwähnt, keiner ethisch-moralischen Kontrollinstanz; die Instinkte des Tieres und sein Triebverhalten bestimmen wesentlich das Umweltverhalten und die Lernprozesse. Die Triebe sind der innere Kern des Hundes, die Instinkte sind im Erb-

Instinkt: Die Hündin bereitet die Höhle für ihre Welpen vor.

gedächtnis abgespeichert und erlauben es dem Hund, ohne vorherige Lernprozesse zu handeln und spezielle Situationen intuitiv erfolgreich zu lösen.
Ich fand es in der Zucht immer wieder faszinierend, wie gerade unsere jungen Hündinnen ihren ersten Wurf instinktiv und ohne Komplikationen meisterten. An einem besonders heißen und schwülen Sommertag war unsere Hündin Frana wie gewöhnlich mit ihren Welpen im Garten »unterwegs«. Sie hatte unter ihrer Wurfhütte ein sehr tiefes Loch gebuddelt, in dem es offensichtlich angenehm kühl war und die Welpen auch gerne spielten. Quasi ein unterirdischer Abenteuerspielplatz für neugierige Welpen. Mit einem Freund saß ich in der Küche bei einem gemütlichen Plausch über die Hunde und einer Tasse Kaffee. Draußen hatte es zu regnen angefangen und plötzlich in einem intensiven und auch ausgiebigen Maße, wie es in Norddeutschland eher ungewöhnlich war. Unsere Hündin lief aufgeregt vor der Terrassentür hin und her. Plötzlich fiel uns das Loch unter der Hütte ein, das inzwischen schon randvoll mit Regenwasser gefüllt war. Wir zählten die Welpen und stellten fest, dass ein kleiner Rüde fehlte. Die Hündin zeigte uns deutlich an, dass dieser in dem Loch sein müsste. Alle Versuche, mit unseren Händen den Welpen zu retten waren vergeblich. Ein schrecklicher und trauriger Unfall. Der Regen ließ zum Glück so schnell nach, wie er offensichtlich gekommen war, die Gartenerde nahm das Wasser sehr schnell auf. Bald war auch die »Hundehöhle« wasserfrei. Von unserem Welpen war nichts zu sehen, auch jetzt blieb unser Abtasten des Loches ergebnislos. Die anderen Welpen gingen schon wieder auf Erkundungstour, als plötzlich der kleine Rüde aus dem Loch krabbelte. Er war völlig unverletzt und auch trocken. Für uns war das wie ein Wunder, erst Wochen später beim Umsetzen der etwa 14 m^2 großen Hundehütte stellte ich fest, welches unterirdische Höhlensystem mit unterschiedlichen Ebenen Frana gebuddelt hatte. Instinktiv war hier ein Schutzraum entstanden, der auch Überflutungen in einem gewissen Maße gewachsen war. Es gibt immer wieder Ereignisse, bei denen die Instinkte der Tiere rettende Funktionen haben.

Für die Wesensausprägung des Hundes unterscheidet man zwischen angeborenen Eigenschaften, auch Genotyp genannt, die in dem genetischen Erbmaterial verankert sind und dem Erlernten, Angeeigneten.
Ersteres ist an die Nachkommen vererbbar und bildet somit auch ein wesentliches Kriterium bei der Auswahl der Zuchttiere für den Züchter. Entscheidend ist die Einschätzung, was der Züchter verbessern möchte. Ist es z. B. die Belastbarkeit, dann würde die Wahl auf einen Zuchtpartner fallen, der hier bewiesene genotypische Qualitäten besitzt. Unter dem Begriff »Härte« versteht man in diesem Zusammenhang die Fähigkeit des Hundes, auch unangenehme Empfindungen und Erlebnisse physischer oder psychischer Art hinzunehmen, ohne sich in der konkreten Situation oder auch später davon nachhaltig beeindrucken zu lassen.
Neben diesen angeborenen Wesenseigenschaften sind zweitens erlernte Eigenschaften ebenfalls von größter Wichtigkeit. Diese gesammelten Lernerfahrungen sind abhängig vom Alter des Hundes und dem Wissen des Hundeausbilders. Es liegt auf der Hand, dass ein Hund, der sehr viele (positive) Umwelterfahrungen gesammelt hat, sicherer und freudiger im Verhalten ist als der Hund, der nur seinen Zwinger kennt. Ich habe bei allen Welpen und Junghunden immer sehr konsequent darauf geachtet, ihnen sehr viele Umweltreize zu geben. Besuchen Sie mit Ihrem Hund den Zoo, die Bank oder Sparkasse mit der selbstöffnenden Tür. Fahren Sie gemeinsam Bus und Zug. Machen Sie einen Einkaufsbummel in der belebten Einkaufszone. Der Gang über eine Brücke oder das Besteigen einer offenen Wendeltreppe sind ebenfalls gute Übungen. Zeigt sich Ihr Hund einmal unsicher oder ängstlich, motivieren Sie ihn mit Sprache oder Gestik. Vielleicht hilft auch ein Leckerchen. Gegebenenfalls suchen Sie die Situation noch einmal auf, um Ihrem Hund die Unsicherheit zu nehmen und ihm stattdessen ein Erfolgserlebnis zu vermitteln. Der Schwierigkeitsgrad sollte dabei graduell und wohldosiert gesteigert werden.
Ein Deutscher Schäferhund ist neugierig und hat Lust auf seine Umwelt und das Leben. Diese gelernten Erfahrun-

gen machen den Hund zum sozialverträglichen, selbstsicheren Partner. Man nennt diese erworbenen Bereiche Phänotyp, gelernte Segmente, die nicht weitervererbt werden. Legt ein Deutscher Schäferhund eine hervorragende Schutzhundprüfung (SchH) oder auch Vielseitigkeitsprüfung für Gebrauchshunde (VPG) ab, sagt dies noch nichts Endgültiges über seine Qualität als Vererber in der Zucht. Prüfungsergebnisse werden nicht vererbt. Vielleicht hat die Hündin oder der Rüde auch lediglich einen geschickten Ausbilder gehabt.

Wie dem auch sei, zeigen Sie Ihrem Hund viel von der Welt, dies ist sehr positiv für sein Wesen und hilft auch, manchmal unerwünschte Wesensmerkmale, die angeboren oder erworben sind, zu korrigieren.

Unzertrennlich: Die 10 Monate alten Wurfgeschwister Orca und Onyx.

Wie nimmt Ihr Hund seine soziale Umwelt wahr?

Hier kommt den Sinnesorganen des Hundes eine Kardinalrolle zu. Die Reizlage der verschiedenen Sinne löst beim Hund ein bestimmtes Triebverlangen aus, das dann in aktive Handlungen umgesetzt wird. Dies wird Sie vielleicht auch manchmal ärgern. Sieht Ihr Hund zum Beispiel einen Hasen, wird sein Beutetrieb angesprochen, mit dem Ergebnis, dass er den Hasen verfolgen und Ihr lautstarkes Rufen ignorieren wird. Solche Reiz-Reaktions-Abfolgen kennen wir aber als Menschen ebenfalls. Der leckere und würzige Geruch einer geöffneten Tüte Kartoffelchips kann auch bei dem einen oder anderen zu einem »Fressfestival« führen. Für die Ausbildung Ihres Hundes ist das Wissen um die Sinne und Triebe förderlich, ermöglicht es Ihnen dann auch eine gezielte, artgerechte Einwirkung.

Ganz früh ist beim Welpen bereits der Tastsinn ausgeprägt. Wie bereits beschrieben, tastet sich der noch blinde Welpe zu seiner Mutter und den Geschwistern. Körperkontakt bedeutet Sicherheit und Wärme. Loben Sie unbedingt Ihren Hund zeit seines gesamten Lebens durch Streicheln und liebevolles Klopfen. Besonders liebt er das Streicheln über den Kopf, am Fang oder auch den Seiten. Kraulen Sie Ihren Hund an einer bestimmten Stelle, z. B. an der Vorbrust, neigt er zu wohligen Zuckungen.

Auch für die Ausbildung ist der Körperkontakt eminent wichtig, das Streicheln ist eine sehr effektive Art der Belohnung und damit Verstärkung des gezeigten Verhaltens. Zudem wirkt es nach einer gelungenen Übung auch triebfördernd und motivierend für den folgenden Lernschritt oder Aufgabe. Hunde lieben diesen Körperkontakt, oft kommen abends unsere drei Hunde abwechselnd, um sich ihre Streicheleinheit sichtlich genießend abzuholen.

Natürlich hat die Körperlichkeit auch im Umkehrschluss negative Wirkung, brutale Härte zerstört Vertrauen und ist deutlich abzulehnen. Konsequente, kurz dosierte Straf- oder Erinnerungsreize, z. B. kurzer Leinenruck und dann sofort die Leine wieder locker lassen, haben eine pädagogische Wirkung, unerwünschtes Verhalten zu unterbinden.

Der Geschmackssinn Ihres Hundes korrespondiert eng mit seinem ausgeprägtesten Sinn, dem Riechen. Dabei sind Hunde keinesfalls »Gourmets«, sie speisen eben nicht mit allen Sinnen. Hunde differenzieren grob gesagt zwischen lecker, so lala und unangenehm. Der Futtergeruch wirkt entscheidend, zum Futter selber aber später mehr.

Wir besitzen als Mensch in etwa 9000 Geschmacksknospen auf der Zunge, um süß von sauer und salzig von pikant zu unterscheiden. Unsere vierbeinigen Freunde haben lediglich ca. 1700 solcher Geschmacksknospen. Diese reichen allerdings aus, um das Futter ebenfalls als eine wichtige Verstärkerschiene bei der Erziehung und Ausbildung zu nutzen.

Natürlich liebt Ihr Hund ein Leckerli zur Belohnung. Zeigt Ihr Hund eine von Ihnen gewünschte Reaktion und Sie belohnen ihn mit einem Stückchen Bockwurst, lernt er: »das war gut/angenehm«, und wird diese Reaktion wiederholen. Sehr schnell wird natürlich auch der Deutsche Schäferhund wissen, wo seine Belohnung deponiert ist. Unser Rüde Eik geht stets unverzüglich und mit traumwandlerischer Sicherheit bei meiner Schwiegermutter zum Küchenschrank, in dem seine Knusperstangen liegen. Diese Art der positiven Verstärkung kennen Sie vielleicht auch oder werden es sicher noch bei Ihrem Hund kennen lernen. Aber auch zu den Lerngesetzen und den einzusetzenden Verstärkern finden Sie im Folgenden mehr.

Der Deutsche Schäferhund hört von Natur aus ausgezeichnet, eine Tatsache, die ihn unter anderem zum Wachhund prädestiniert. Das Hörvermögen übertrifft das menschliche um das Vielfache. Während wir bis etwa 20.000 Hz hören, nimmt der Hund bis 40.000 Hz wahr, eine Katze bis etwa 45.000 Hz und Delfine im Meer bis zu 130.000 Hz. Der Deutsche Schäferhund hat zudem bewegliche Ohren, die er entsprechend stellen kann. Also achten Sie bei diesem Hörvermögen auf die entsprechende Lautstärke bei der Ausbildung. Schreien wird eher als negative moralische Einwirkung vom Hund erlebt. Wenn Ihr Hund nicht »hört«, liegt es wohl nicht an seinem Gehör, sondern wahrscheinlich an der fehlenden oder fehlerhaften Ausbildung.

Ihr Hund ist auch durchaus in der Lage, bestimmte Geräusche mit Personen zu verknüpfen. Er freut sich, wenn der Besitzer kommt und unterscheidet sein Autogeräusch von dem eines Besuchers. Fahren bei Ihnen Dienstfahrzeuge mit Martinshorn vorbei oder haben Sie eine bestimmte Klangfarbe beim Anruf Ihres Telefons oder Handys? Dann werden Sie gegebenenfalls feststellen, dass Ihr Hund jault wie in einem Wolfsrudel. Auch das Bellen anderer Hunde im Fernsehen löst teilweise interessante Reaktionen aus. Unsere Hunde haben sich natürlich in solchen Situationen immer gerne gegenseitig in Aktion versetzt.

Instinkt: Wir fürchteten schon, er wäre bei dem Sturzregen im Bau ertrunken, aber in einem etwas ansteigenden Seitenarm hatte sich etwas Luft gesammelt, dorthin hatte sich der Welpe zurückgezogen.

Der Leitsinn des Deutschen Schäferhundes ist sein Geruchssinn. Er verfügt über zirka 220 Millionen Riechzellen.

Das Sehen gestaltet sich ebenfalls anders als bei uns Menschen. Auch kleinste Bewegungen in seinem Umfeld lokalisiert er deutlich; sein Sehen ist aber insgesamt in der Distanz besser. Die Augen sind mittelgroß und mandelförmig, sie sind schräg liegend ausgerichtet. Ihr Hund kann Sie beim Gang durch die Feldmark noch auf weit über 100 Meter erkennen. Sie können das Verhalten selber leicht feststellen. Spielen Sie etwa in entsprechender Entfernung mit seinem Lieblingsball, löst das Sehen für den Hund insbesondere den Spieltrieb aus, und er wird pfeilschnell zu Ihnen kommen. Ich selber werfe meinen Hunden gerne Stöcke weg, die sie dann mit nicht enden wollender Lust holen und auch bringen. Baue ich zudem eine Körperspannung auf und bewege mich ruckartig, kommen sie so triebvoll, dass ich Acht geben muss, nicht umgelaufen zu werden. Erkennbare Bewegungen weg vom Hund sind triebfördernd und lösen den Beutetrieb aus, wie es auch das aufspringende Reh, der Jogger oder Fahrradfahrer macht, hinter dem Ihr Hund (hoffentlich aber nicht) herläuft.

In der »Champions-League der Sinne« steht der Geruchssinn als Leitsinn des Deutschen Schäferhundes unangefochten an der ersten Stelle. Ihr Hund analysiert seinen jeweils aktuellen Aufenthaltsraum über die unterschiedlichsten Gerüche der Umwelt. Bei jedem Spaziergang liest der Hund intensiv seine »Zeitung«: Wo ist was passiert? Wer war schon hier? Gibt es eine läufige Hündin? Und so weiter und so fort. All diese Informationen nimmt er mit seinen ungefähr 220 Millionen Riechzellen intensiv auf. Geruchsstrukturen werden sogar im Gehirn des Tieres gespeichert und beeinflussen sein künftiges Verhalten mit. Die Intensität ist für uns dabei fast unvorstellbar. Ein Mensch verfügt mit etwa fünf Millionen Riechzellen über nur knapp drei Prozent dieses Potentials. Selbst bei dieser reduzierten Ausstattung bei uns Menschen »stinkt es manchmal schon erbärmlich«.

Der Deutsche Schäferhund ist allerdings genetisch als Superstarnase in der Lage, Gerüche aufzuspüren, die selbst moderne wissenschaftliche Geräte nicht messen und selektieren können. Werden diese Sinnesleistungen noch durch die Zuchtlenkung gefördert und durch intensives Training unterstützt, ergibt sich ein gigantisches Leistungspotential, das zum Beispiel für den Einsatz als Rettungs-, Lawinen-, Drogenspür-, Sprengstoff- oder Zollhund zum Wohle der Menschen und des Gemeinwesens weltweit genutzt wird. Die Anatomie seiner Nase mit ihrem ausgeklügelten System ermöglicht es ihm, Kochsalz in einer Verdünnung von 1:10.000 in der Umgebung zu erkennen. Selbst in einmillionenfacher Verdünnung erkennt der Deutsche Schäferhund Buttersäure-Moleküle, die als Bestandteile im menschlichen Schweiß sind. Ein Hund ist deshalb auch in der Lage, Ihre aktuelle psychische Stimmungslage (Angst, Nervosität, Unsicherheit) über den Artgeruch wahrzunehmen.

Bei Prüfungen im Hundesport liegt es in der Natur der Sache, dass die Hundeführerin oder der Hundeführer nervös und angespannt sind. Obwohl es sich ja lediglich um ein Hobby handelt, ist diese spezifische psychische Belastung vorhanden und für den Hund auch spürbar. Diese Übertragung auf den Hund erfolgt mit dem Ergebnis, dass eigentlich gelernte Übungen nicht in der gewünschten Art und Weise abgerufen werden können. Die Konsequenz ist manchmal bitter: Punktabzüge oder sogar das Durchfallen bei einer Prüfung.

Die Triebe sind der Motor

Für das Lernverhalten Ihres Hundes sind Triebformen und die Triebbeständigkeit von wesentlicher Bedeutung. Die Triebbeständigkeit nennt man auch Ausdauer und beinhaltet die Eigenschaft, Triebhandlungen durchzuführen, ohne sich von der Umgebung ablenken zu lassen oder frühzeitig zu ermüden. Je höher die Triebstärke, also die PS-Leistung des »Hundemotors« und je beständiger das Triebverhalten, umso mehr kann Ihr Hund leisten.

Die verschiedenen Triebbereiche können durch Aktivität und Training gefördert oder auch gehemmt werden. Ist allerdings ein entsprechendes Triebpotential genetisch nicht vorhanden, kann dies auch nicht durch noch so viel Training erworben werden. Die Triebbereiche des Hundes haben unterschiedliche Funktionen, der Geschlechtstrieb und der Pflegetrieb haben arterhaltende Aufgaben. Bei einem ausgeprägten Geschlechtstrieb kann es zur Auflehnung und Rebellion gegenüber dem Hundeführer kommen. Durch ihren Pflegetrieb können Hündinnen mit einem eigenen Wurf Ammendienste übernehmen, indem sie auch fremde Welpen aus einem anderen Wurf annehmen. Im Verein für Deutsche Schäferhunde, dem größten Rassehundzuchtverein der Welt, werden dafür die Regularien allgemeingültig in der Zuchtordnung festgelegt. Hündinnen dürfen zur eigenen Aufzucht pro Wurf nicht mehr als acht Welpen belassen werden. Ist der Wurf stärker, können die überzähligen Welpen mittels einer Amme aufgezogen werden. Der Verein unterhält dazu in jeder der Landesgruppen in der Bundesrepublik Deutschland eine spezielle Ammen-Vermittlungsstelle. Der Züchter darf sich auch dafür entscheiden, alle Welpen bei der Mutterhündin zu belassen, könnte dann aber zur Regeneration der Hündin diese erst nach Ablauf von sechs Monaten nach dem Wurftag erneut decken lassen.

Der Selbsterhaltung des einzelnen Hundes sind eine Reihe anderer Triebfunktionen zugeordnet. Wie das Wort unschwer erkennen lässt, ist der Jagdtrieb für das Verfolgen von Beute verantwortlich. Dieser Trieb wird, wie schon beschrieben, über die Sinnesleistungen Riechen, Sehen und Hören ausgelöst. Der Beutetrieb gibt den Impuls, auch Beute zu schlagen. Eng verbunden mit diesen beiden Triebarten ist der Bringtrieb, der den Hund veranlasst, die Beute wegzubringen und eventuell zu vergraben. Es kommt durchaus vor, dass ein Hund Futter oder einen Knochen im Garten »für schlechtere Zeiten« vergräbt. Diese Triebarten und andere, wie etwa den Spieltrieb, den Stöbertrieb oder Bewegungstrieb, nutzen wir in unterschiedlicher Form und Intensität für die Ausbildung des Deutschen Schäferhundes als universell einsetzbaren Gebrauchshund.

Eine dritte Säule der Triebarten ist für das Sozialverhalten im Rudel zuständig. Durch diese Triebveranlagungen werden das Zusammenleben und die Normen im Rudel geregelt. Der Meutetrieb hilft dem Hund, mit seinen Artgenossen das Überleben zu sichern. Der Geltungstrieb veranlasst den Hund, im Rudel nach einem höheren Rang zu streben, möglichst das Alpha-Tier, also der Chef, zu werden. Aber wie Sie bereits wissen, bleibt diese Stellung Ihnen vorbehalten. Dies ist dann auch die Grundlage dafür, dass sich Ihr Hund Ihnen unterordnet, weil Sie sein anerkanntes »Leittier« sind. Er tut dies auch gerne und zeigt sich bei einer guten Meutebindung in der Unterordnung freudig und führig. Nur wenn diese Rangfolge geklärt ist, kann eine artgerechte und harmonische Ausbildung gelingen. Der angeborene Schutztrieb wird Ihren Deutschen Schäferhund auch befähigen, für seine Meute in einer Gefahrsituation mutig als Verteidiger zu agieren. Der bekannte Wachtrieb lässt ihn beispielsweise bellen und verteidigen, wenn Fremde »sein« Territorium (Haus und Garten) betreten. Ihr Hund wird auch Sie in Gefahrensituationen verteidigen und schützen. Dies hängt natürlich auch davon ab, wie stark diese Triebpotentiale züchterisch verankert wurden und eine Ausbildung sowie Training erfolgen.

Leben Sie mit Ihrem Hund in einer engen Gemeinschaft, oder wie unsere Hunde ohne Zwingerhaltung im häuslichen Rahmen, sind Sie sein Rudel. Sie haben als Meuteführer eine Leitfunktion in diesem nicht statischen System. In unserer Familie ist die Rangfolge für unsere Hunde geklärt, die drei Rüden werden nicht getrennt gehalten, sondern können sich frei im gesamten Haus bewegen. Sie werden auch nicht getrennt, wenn wir das Haus verlassen. Wir haben in all den Jahren des Zusammenlebens mit unseren Hunden niemals gravierende Auseinandersetzungen gehabt. Imponier- oder Drohgebärden, Unterwürfigkeitsanzeichen, Rivalität, Meutekumpanei oder Eifersucht gefährdeten die soziale Rangordnung nicht. Wir hatten übrigens bisher niemals größere Probleme mit Gästen, Freunden oder Verwandten, die uns besuchten. Besonders die Freunde unserer Töchter fanden es immer wieder interessant und spannend, drei Deutsche Schäferhunde unterschiedlicher Farbschläge ganz nah zu erleben. Die Hunde haben sich immer sicher und sozialverträglich verhalten. Hatten Besucher dennoch einmal Angst vor Hunden, haben wir unsere Tiere im geräumigen »Hundekellerraum« einquartiert. Unsere Hunde haben hier ausreichend Tageslicht, frische Luft und gemütliche Liegeplätze mit ihren speziellen Hundedecken. Die gegenseitige Toleranz und Akzeptanz ist aus meiner Sicht immer gut für eine reibungslose Verständigung.

Immer aktiv – aus purer Freude am Arbeiten.

Ein verlässlicher und stabiler (familiärer) Rahmen ermöglicht aus unserer Erfahrung den Hunden, das Gefühl der psychischen Selbstsicherheit zu entwickeln. Ständig wechselnde Bezugspersonen (Meuteführer) und Veränderungen des Lebensrhythmus' bergen die große Gefahr von Verunsicherung und psychischen Stresssituationen, die letztendlich positive Lernprozesse und die Ausreifung einer Unbefangenheit verhindern können. Als Wesensstandard soll unser Deutscher Schäferhund schließlich eine hohe Wesenssicherheit, gute Führigkeit, Unerschrockenheit, Nervenfestigkeit, Temperament und das Gefühl der physischen Härte und Stärke besitzen. Eine ausgewogene Synthese der Triebe, Sinne und des Wesens des Hundes machen das Zusammenleben zu einer intensiven Bereicherung und die Ausbildung relativ einfach.

In meiner jahrelangen beruflichen Praxis als verhaltenstherapeutisch ausgebildeter Sozial- und Kinder- und Jugendlichenpsychotherapeut beschäftige ich mich unter anderem mit der Frage, wie wir als Menschen lernen und was uns dabei hilft oder auch behindert. Gewiss lässt sich nicht alles eins zu eins vom Menschen auf die Lernprozesse des Hundes übertragen, dennoch helfen uns die lerntheoretischen Grundlagen der Verhaltenstherapie beim Verstehen ganz erheblich. Wie Sie bestimmt aus Ihrer eigenen Erfahrung wissen, reichen bloße Appelle an die Einsicht des Menschen nicht gleich aus, um auch ein wirkliches »Wollen« entstehen zu lassen. Es ist bestenfalls ein »Wissen« erreichbar. Aber Wissen und Wollen spricht zwei unterschiedliche Dimensionen der menschlichen Persönlichkeit an. Viele Menschen wissen beispielsweise um ihr Übergewicht oder die Schädlichkeit des Rauchens, oder dass uns mehr Bewegung gut täte. Aber ernähren wir uns deshalb sofort gesünder, beachten ernsthaft die Warnhinweise auf den Zigarettenschachteln oder treiben regelmäßig Ausdauersport in der Natur oder im Fitnessstudio?

So ähnlich könnte es auch in der Erziehung und Ausbildung Ihres Hundes werden. Sie wissen zum Beispiel schon einiges von den überragenden Nasenqualitäten des Deutschen Schäferhundes und Sie werden im Weiteren noch von der Ausbildung zum Fährtenhund lesen, der ohne Probleme noch nach über drei Stunden eine Fährte finden und ausarbeiten kann. Als erfahrener Hundeausbilder weiß ich: Fährtenausbildung ist auch Fleißarbeit. Aber gehe ich wirklich bei Regen, Schnee oder Nebel mit meinen Hunden auf einen Acker oder eine Wiese, um zu üben? Um eine echte Handlungsbereitschaft eines Hundehalters zu erreichen, muss also mehr als nur das Wissen angesprochen werden. Wir brauchen die Motivation, das Gefühl: Ich kann etwas mit meinem Hund erreichen, das Team Mensch und Hund lernt und hat Spaß und Erfolg dabei. Dem Erfolg kommt dabei eine wesentliche Rolle zu, er ist eine Triebfeder für weiteres Handeln. Lernt der Mensch und ist fasziniert von seinem Hund, kann auch unser vierbeiniger Freund lernen. Gemeinsames Lernen und Erfolge schweißen zusammen.

Ohne ins spezielle Fachchinesisch abzugleiten, wollen wir uns kurz mit einigen Lerntheorien beschäftigen, auf die auch Ihr Hund bei der Ausbildung positiv anspricht.

Klassisches Konditionieren

Weltberühmt ist das klassische Konditionieren des russischen Physiologen und Nobelpreisträgers Iwan Petrowitsch Pawlow (1882–1931). Er entdeckte die »bedingten Reflexe«. Unter Konditionieren versteht man dabei das Verbinden von zwei Bereichen, die erst einmal nichts miteinander zu tun haben.

Bestimmt haben Sie von Pawlows Experiment gehört, kommt dabei doch der Hund zur besonderen Wirkung. Ein hungriger Hund produziert und sondert auch Speichel ab, sobald er Futter erhält. Dies ist ein angeborenes (unkonditionierter) Reiz- und Reaktionsschema. Hört dieser Hund jetzt eine Glocke, ist dies zunächst einmal ein neutraler Reiz, der logischerweise nicht zur speziellen Absonderung des Speichels führt. Speichel und Glockenklang stehen also in keinem besonderen Verhältnis. Sie haben bis hierher für den Hund nichts miteinander zu tun.

Pawlow stellte nun eine Konditionierung her, indem er immer bei oder auch kurz vor der Fütterung einen Glockenton unterlegte. Nach einigen Versuchen sonderte der Hund schon beim Klingen der Glocke Speichel ab. Der Hund hat also gelernt, dass der Glockenton ein Signal für das Futter ist. Daher auch der Begriff »Signallernen«. Damit beim Hund dieses Signal aber dauerhaft abgespeichert und gelernt wird, bedarf es teilweise schon vieler Wiederholungen.
Beim Menschen arbeitet das vegetative Nervensystem überwiegend automatisch bei diesen Prozessen, dieses Lernprinzip ist auch nur für einen quantitativ kleineren Bereich zuständig. Viele Ängste (z. B. auch vor Hunden) werden klassisch konditioniert.

Instrumentelles und operantes Konditionieren (Lernen am Erfolg, nach Edward Lee Thorndike)

Von größerer Bedeutung ist das instrumentelle oder auch operante Konditionieren. Das Lernen am Erfolg. Positive Konsequenzen werden dabei in der Lernpsychologie auch positive Verstärker genannt. Positive Konsequenzen auf eine Handlung erhöhen deutlich die Wiederholungswahrscheinlichkeit und wirken verstärkend. Ich selber bin ein Freund dieser Lernmethode, die sowohl beim Hund und natürlich auch beim Menschen Erfolg zeigt. Ein gezeigtes Verhalten wird durch Lob, Anerkennung oder materielle Verstärker dauerhaft gelernt. Diese Erfahrung kennen wir wohl alle, in den meisten Menschen steckt der tiefe Wunsch nach Anerkennung, Lob und Sicherheit. Mit dieser Methode bilden wir ganz wesentlich unsere Hunde aus.
Drill und Starkzwang sind die überholten Rezepte der Gestrigen; Sicherheit und triebvolle Freude und Beständigkeit beim Lernen werden durch Lob, Spiel, Futter und Kreativität geweckt.
Die Bockwurst in der Tasche, den Tennisball oder die Beißwurst in der Weste, das gestenreiche Spiel mit mir als Hundeführer fördern als Verstärker gewünschte Lernschritte. Ein alter Hundesportler sagte mir einmal vor vielen Jahren auf einem Hundesportplatz, nachdem er meine »lahme« Arbeit mit dem Hund gesehen hatte: »Du musst als Ausbilder *explodieren*, und dich richtig bewegungsvoll freuen können, dann wird es auch dein Hund können. Achte dabei nicht auf die Leute, nur du und dein Hund sind dabei wichtig, ihr müsst als Team harmonieren«. Ich habe versucht, dies so oft wie möglich zu beherzigen, manchmal kam in mir allerdings schon der Zweifel hoch, ob die anderen auf dem Hundeplatz wohl bei dem Unterordnungstraining dachten, ich spinne etwas. Meine Hunde – und damit hatte mein alter Sportsfreund absolut recht – fanden solche »wilden Tänze« mit den akustischen Reizen immer besonders interessant. Achten Sie darauf, welcher positive Verstärker der Wichtigste ist, nicht alle meine Hunde reagierten gleich, es kann sich also die Frage stellen: Futter oder Spiel? Bockwurst oder Ball? Nach meinen Erfahrungen ist es ebenfalls wichtig darauf zu achten, wie oft man die Verstärker einsetzt. Eine sparsamere und gezielte Verteilung erhöht den Wirkungsgrad, oder möchten Sie vielleicht sieben Tage nacheinander Ihre Lieblingsspeise beim Italiener essen?
Dabei kommt es dann wohl im wahrsten Sinne des Wortes automatisch zu einer »Sättigung« des Verstärkers. Machen Sie sich immer wieder aufs Neue interessant für Ihren Hund und setzen Sie die Belohnungen in wechselnden, verschiedenen Intervallen ein, gelegentliche Verstärkungen (intermittierender Verstärkerplan) verhindern die Löschung eines erlernten Verhaltens. Verstärker funktionieren aber nicht nur nach dem Einbahnstraßenmodell positiv, es gibt auch negative Konsequenzen: ein deutliches Nein! oder Pfui! (schon gelernt im Welpenalter kombiniert mit einem angemessenen Schütteln im Nackenfell) und ein klarer, kurzfristiger Leinenruck. Negative Konsequenzen auf eine Handlung Ihres Hundes verringern die Wiederholungswahrscheinlichkeit und wirken löschend, das heißt, ein unerwünschtes Verhalten wird weniger und hört dann ganz auf. Beachten Sie bitte, dass Bestrafungen Flucht- und Meidetendenzen bei Ihrem Hund her-

vorrufen können. Deshalb gilt es, Zwang und Strafe dosiert und niemals cholerisch einzusetzen. Ich habe schon gesehen, dass Hunde in Panik den Übungsplatz verlassen haben und Schutz im Auto oder einer Hundebox gesucht haben. Hier lassen sich deutliche Ausbildungs- oder Bindungsprobleme vermuten.

Angst und emotionale Unsicherheit sind für mich die größten Feinde des Lernens und auch diese Aussage ist für Mensch und Tier gleichermaßen zutreffend. Konsequenzen (positive/negative) müssen auf eine Handlung direkt und zeitnah erfolgen. Einen jungen Hund, der einem Hasen nachjagt und vielleicht dreißig Minuten später zum Startplatz seiner Verfolgungsjagd zurückkommt, zu züchtigen, bewirkt eher die Lernerfahrung »bei Herrchen ist es unangenehm«. Ursache und Wirkung seines Handelns (Reiz-Reaktionsschema) kann er nach dieser Zeit nicht mehr zuordnen. Verhindern Sie lieber per Leineneinwirkung und einem bereits gelernten deutlichen Nein/Pfui! den Verfolgungsansatz. Bei gleichzeitiger Verstärkung durch intensives positives Spielen mit Ihnen lernt Ihr Hund, dass dieses Verhalten angenehm für ihn ist. Wo immer es geht, wählen Sie die Methode der positiven Verstärkung, Lernen mit Erfolgserlebnissen macht einfach mehr Spaß.

Modelllernen

Der Deutsche Schäferhund ist ein intelligentes Lebewesen, er lernt gerne und das auch sein gesamtes Leben lang. Er benötigt aber eine Steuerung durch Sie, denn das für unser menschliches Lernen so wichtige Modelllernen baut bei unseren Hunden keine wesentlichen Ausbildungsbausteine auf. Beim Modelllernen schauen wir Menschen auf ein Modell oder Vorbild, dessen Verhalten wird dann etwas abgewandelt von uns in eigenes Handeln oder auch in Meinung umgesetzt. Nach dem Prinzip »mit den Augen klauen« eignen wir uns vieles an, vielleicht auch wie ein anderer Hundeführer mit seinem Hund spielt und arbeitet. Aber auch ein gelehriger Deutscher Schäferhund wird es nicht schaffen, sich bei einer Prüfung im Verein für Deutsche Schäferhunde mehrere Begleithundprüfungen anzuschauen und dann die Prüfungsordnung selbstständig zu beherrschen!

Im Welpenalter fördere ich den Kontakt auch zu Artgenossen anderer Rassen, unterbinde deutlich, wenn meine Hunde in irgendeiner Weise aggressiv auf andere Hunde reagieren wollen. Aber natürlich nicht, indem ich die Begegnung in der Stadt mit anderen Hunden vermeide, sondern ganz im Gegenteil. Ich suche solche Situationen, spreche mit meinem Hund, streichle ihn, gebe ihm vielleicht ein Leckerchen oder unterbinde auch mit einer kurzen Leineneinwirkung und dem Hörzeichen Nein! ein eventuell unerwünschtes Verhalten meines Hundes. Durch dieses konsequente Handling habe ich keine Probleme bei der Begegnung mit anderen Hunden gehabt, meine Hunde haben ein überwiegend freundlich-neutrales Verhalten gelernt und sind in dieser alltäglichen Situation sicher.

Kommen uns bei einem Spaziergang in der Wiese oder im Wald Spaziergänger mit ihren Hunden entgegen, lege ich meinen angeleinten Hund manchmal auch ins Platz. Dieser Unterordnungsteil und die Ruhe werden dann sehr häufig von Hundehaltern mit einer Ansprache an ihren eigenen Hund begleitet: »King, daran nimm dir mal ein Beispiel, wie schön der Hund liegen kann, der ist aber brav ...« Na ja, wir wissen jetzt, über das Prinzip Modelllernen funktioniert es leider nicht mit der Ausbildung zu einem sozialverträglichen und sicheren Hund.

Das Lernen benötigt einen Rahmen und eine gewisse Struktur, Konsequenz, Tipps, Trainingsstunden und die Gemeinschaft mit Gleichgesinnten sind dabei nützlich. Es gibt viele Anbieter, die Ihnen bei der Hundeausbildung mit Rat und Tat zur Verfügung stehen. An vielen Orten gibt es kommerzielle Hundeschulen, die Erziehungsangebote und Schulungen vorhalten. Oft sind es erfahrene Hundesportler, die solche Einrichtungen leiten und qualifizierte und seriöse Arbeit leisten, manchmal sind es aber leider auch weniger kynologisch fundierte Angebote.

Vergleichen Sie daher genau die Angebote und Preise:

- Gibt es vielleicht ein Schnupperangebot für Einsteiger?
- Welche Erfahrungen haben die Ausbilder selbst mit der Ausbildung Deutscher Schäferhunde, und haben sie mehrere Hunde auf überregionalen Prüfungen auf Landes- oder Bundesebene geführt?
- Können sie Ihnen eine fachliche Beratung auch über Pflege, Fütterung Haltung, Versicherung und eventuelle Verordnungen auf kommunaler oder Landesebene geben?

Die nicht geschützte Bezeichnung »Kynopädagoge« ist längst nicht automatisch ein Gütesiegel für Qualität. Eine gute Adresse für die Ausbildung und den Sport ist:

- in Deutschland der Verein für Deutsche Schäferhunde
- in der Schweiz der Schweizer Schäferhund Club (SC)
- in Österreich der Österreichische Verein für Deutsche Schäferhunde (SVÖ).

Verteilt über die gesamte Bundesrepublik stehen Ihnen annähernd 2200 Ortsgruppen mit verschiedenen Angeboten wie Welpenspielstunden, Erziehungskursen nach dem Augsburger Modell, einer artgerechten und praxisbewährten Grundausbildung, sowie weiterführenden Ausbildungs-, Breitensport- und Informationsangeboten zur Verfügung. Im Internet können Sie unter der Adresse *www.schaeferhund.de* SV-Ortsgruppen in Ihrer Nähe ausfindig machen.

Interview mit Günther Diegel (Bundesausbildungswart des Vereins Deutscher Schäferhunde)

Freundlicherweise erklärte sich der Chef für die Ausbildung im Verein für Deutsche Schäferhunde, Günter Diegel aus Berlin-Brandenburg, spontan zu einem Kurzinterview bereit. Herr Diegel ist langjähriger Hundesportler, war bereits SV-Bundessieger (Deutscher Meister) mit dem Rüden »Okar von Karthago« und hat insgesamt über 40 Gebrauchshunde selbst ausgebildet. Als Leistungsrichter hat er ein sehr hohes nationales und internationales Renommee.

Bundesausbildungswart Günther Diegel.

Herr Diegel, ist die Ausbildung eines Deutschen Schäferhundes überhaupt notwendig?

Auf unserer Erde gibt es einige Millionen an Lebewesen, von ihnen allen ist unser Hund wohl das Tier, das uns Menschen am nächsten steht. Seit Zehntausenden von Jahren hat der Mensch es verstanden, durch Domestikation, sprich durch Umwandlung von Wildtieren in Haustiere, Nutzen aus diesen Veränderungen zu ziehen. Der Mensch erkannte im Laufe der Zeit sehr schnell, dass dieses »hausbar« gemachte Wildtier Hund aufgrund hervor-

Teamwork.

ragender Sinnesschärfe und Triebanlagen zu vielen unterschiedlichen Aufgaben fähig war. Es begann züchterische Auslese und damit Festigung von bestimmten Eigenschaften. Im Laufe der Jahrhunderte entwickelten sich durch zielgerichtete züchterische Selektion immer mehr Rassen zum unterschiedlichsten Gebrauch. Die Aufgaben des Hundes wurden vielfältiger: War seine Hauptaufgabe anfänglich der Schutz vor wilden Tieren wurde er später zum Schutzhund für Haus und Besitz, ein perfekter Hüter der Herden von unterschiedlichem Nutzvieh oder ein hervorragender Helfer der Jäger.

Aus diesen Gesamtentwicklungen ergibt sich auch die heutige Definition des Gebrauchshundes: Der Gebrauchshund ist ein leistungsfähiger Arbeitshund. Er kann aufgrund seiner Triebqualitäten und seiner Konstitution von Menschen für verschiedene Aufgaben ausgebildet und genutzt werden. Zum Ende des 19. Jahrhunderts schlossen sich viele deutsche Hundezüchter zu Vereinen zusammen. So wurde innerhalb kürzester Zeit der im Jahre 1899 gegründete Verein für Deutsche Schäferhunde (SV) unter Rittmeister Max von Stephanitz zum größten kynologischen Verein einer Rasse.

Stellte anfangs der Schäferhund seinen Gebrauchswert ausschließlich bei den Schafherden unter Beweis, bot die Vereinsleitung unter Führung von Stephanitz den Hund alsbald den in Frage kommenden Behörden (Polizei und Wehrmacht) als Schutz und Unterstützung der Beamten an. Durch erste, damals noch so genannte »Dressur-

prüfungen« wurden den maßgebenden Behördenvertretern und der Öffentlichkeit die vielseitigen Verwendungsmöglichkeiten des Deutschen Schäferhundes vorgestellt. Daraus entwickelte sich bis zum heutigen Tage ein kynologisch fundiertes Ausbildungs- und Prüfungswesen. Bei den heutigen Diensthunde haltenden Verwaltungen (den Polizeien der Bundesländer, der Bundeswehr, dem Zoll und dem Bundesgrenzschutz, BGS) werden überwiegend Deutsche Schäferhunde gehalten und geführt. Sie finden Verwendung als Schutzhunde, Rauschgiftspürhunde, Sprengstoffspürhunde, Leichenspürhunde, Geruchsspurenvergleichshunde, Brandmittelspürhunde und Fährtenspürhunde. Im Vereinsbereich wird er geführt als Schutzhund, Herdengebrauchshund, Therapiehund, als Begleithund, Freund und Helfer des Menschen, als Sporthund und als Rettungshund. Die Weltgeltung dieser Rasse im Diensthund- wie auch im Liebhaberbereich ist also primär zurückzuführen auf die vielseitige Verwendbarkeit und hohe Sozialverträglichkeit.

Revieren beim Schutzdienst – der Hund sucht nach dem Scheintäter.

Diese Vielseitigkeit als Gebrauchshund zu erhalten, ist die vornehmlichste Aufgabe des Vereins. Gebrauchshundeigenschaften wie Nervenstärke, Selbstsicherheit, Belastbarkeit verbunden mit überzeugenden Triebanlagen und Führigkeit müssen durch entsprechende art- und tierschutzgerechte Ausbildung ständig angesprochen und gefördert werden. Um diesen Hund als Gebrauchshund zu erhalten, müssen wir ihn und seine Besitzer unter Vereinsaufsicht ausbilden, auf Prüfungen sichten, damit entsprechend selektieren und das Beste wieder der Zucht zuführen. Wir haben diese Pflicht der Ausbildung des Deutschen Schäferhundes aber nicht nur aus Verantwortung gegenüber der Zucht, sondern auch aus Verantwortung gegenüber der Gesellschaft.

Die ausbilderische Beschäftigung mit dem Gebrauchshund dient somit nicht nur der Arterhaltung, sondern auch der Erhaltung von wertvollem Kulturgut. Die Gebrauchshundarbeit des Vereins ist in besonderer Weise eine wertvolle Verbindung zwischen Natur und Kultur.

Wann kann man beginnen, einen Deutschen Schäferhund auszubilden?

Die Ausbildung von Deutschen Schäferhunden zu umweltsicheren und verlässlichen Begleitern ist untrennbar verbunden mit frühestmöglicher Erziehung und entsprechender Sozialisierung. Wir kennen die Volksweisheit »Was Hänschen nicht lernt, lernt Hans nimmermehr«. Artgerechte Erziehung fließt in die spätere Ausbildung ein. Der verantwortungsvolle Züchter schafft uns den geeigneten Welpen durch eine gut durchdachte Paarung von geeigneten Zuchttieren. Hierbei ist als Gebrauchs-

hundzüchter höchster Wert auf eine nervenstarke, umweltsichere, mit hoher Sozialverträglichkeit ausgestattete Zuchthündin zu legen. Sie ist nämlich der erste so genannte Prägungspartner und somit Erzieher des neugeborenen Welpen. Durch ihr Umweltverhalten formt sie entscheidend zum frühestmöglichen Zeitpunkt die angeborenen Anlagen. Es findet ein Verschmelzungsprozess von Angeborenem und jetzt Erlebtem statt. Das frühe Lernen beginnt. Die Umwelt hat die so genannte »Hand am genetischen Schalter« (Heinz Weidt).

Der zweite frühe Prägungspartner des Welpen ist der Züchter. Er ist für die weitere artgerechte Aufzucht zuständig. Artgerecht bedeutet auch immer, natürlich aufzuziehen. Bei einer natürlichen Aufzucht erreicht jeder Welpe eine gewisse Stressverträglichkeit, die wie eine Schutzimpfung für das spätere Leben wirkt. Der Züchter und danach im besonderen Maße der neue Besitzer gibt dem Hundewelpen die Möglichkeit, ständig eine neue Umwelt kennen zu lernen. Das frühe, natürliche Lernen an Erfolgen und Misserfolgen beginnt. Der Welpe lernt durch diese frühe natürliche Erziehung, Möglichkeiten, Konsequenzen und Grenzen seines eigenen Verhaltens auszuprobieren. Die Spielregeln des Zusammenlebens in einer innerartlichen (Hund zu Hund) und in einer außerartlichen (Hund–Mensch) Gemeinschaft müssen für ihn klargestellt werden. Nur wenn die Verständigung durch entsprechende frühestmögliche natürliche Erziehung klappt, werden diese Spielregeln auch im späteren Leben funktionieren.

Viele unserer Ortsgruppen bieten bereits so genannte Prägungsspieltage an. Sie haben das Ziel, den Entwicklungsansprüchen unserer jungen Hunde und dem Informationsbedürfnis ihrer Besitzer gerecht zu werden. Beim jungen aufwachsenden Hund liegen im Spielen vielfältige Möglichkeiten zur Entwicklung von sicherem Verhalten und natürlicher Erziehung, die in die spätere Ausbildung überfließt. Durch eine vernünftige Gestaltung von Prägungsspieltagen haben wir somit eine sehr gute Einflussnahme auf die Verhaltensentwicklung unserer Hunde, auf den Umgang des jeweiligen Hundehalters mit seinem Welpen, auf die spätere Ausbildung im Gebrauchshundesport, auf das gesamte Prüfungs- und Zuchtgeschehen und auf das Zusammenleben mit der gesamten Gesellschaft.

Welche sportlichen Aktivitäten mit dem Hund bietet der Verein für Deutsche Schäferhunde seinen Mitgliedern?

Der SV bietet zur Erfüllung seiner satzungsgemäßen Aufgaben eine vielfältige sportliche Betätigung mit dem Hund.

Der angebotene Bereich Agility-Sport erfreut sich seit Jahren immer größerer Beliebtheit. Hier wird der gemeinsamen großen Bewegungsfreude von Mensch und Tier bis hin zur Ausführung einer jährlichen SV-Agility-Meisterschaft Rechnung getragen.

Im Rahmen der Gebrauchshundausbildung werden von der SV-Prüfungsordnung folgende sportliche Aktivitäten, die auch gleichzeitig eine hohe züchterische Relevanz haben, angeboten:

1. Begleithundprüfung
2. Schutzhund/Vielseitigkeitsprüfung 1–3
3. Fährtenprüfung 1–3
4. Fährtenhund 1 + 2
5. Stöberprüfung 1–3
6. Prüfung für Wachhunde
7. Ausdauerprüfung
8. Internationale Prüfung 1–3
9. Internationale Fährtenhundprüfung

Zudem hat der SV ein eigenes Rettungshundprogramm mit eigener Prüfungsordnung für die Stufen 1–3 eingeführt.

Die Hundesportart Obedience stellt ein weiteres sportliches Angebot dar.

Es ist somit sichergestellt, dass für jedes Mitglied eine entsprechende sportliche Betätigung möglich ist.

Perfekt: Der Hund folgt führig und aufmerksam.

Macht die Schutzhundausbildung einen Hund aggressiv und erhöht damit das Unfallrisiko?

Unsere Schutzhundausbildung gliedert sich in die Abteilungen Fährtenarbeit, Unterordnung und Schutzdienst. Wir betreiben sie, wie schon weiter oben ausgeführt, einmal aus Spaß und Freude an der Beschäftigung mit dem Hund, zur Auseinandersetzung mit der Natur und zur Arterhaltung. Bei den Prüfungen testen wir Sozialverhalten, Nervenstärke und entsprechende Triebveranlagungen. Die Gesellschaft hat keine Probleme mit der Ausbildung und Überprüfung in der Fährtenarbeit, wo es um die Leistungsfähigkeit des Geruchsorganes unseres Hundes geht. Auch die Abteilung Unterordnung, in der es hauptsächlich um die Hundeführer/Hund-Beziehung geht, in der Temperament, Gehorsam, Konzentrationsfähigkeit und die Harmonie zwischen Mensch und Tier abgeprüft werden. wird von der breiten Öffentlichkeit gut angenommen.

Problembeladener ist die Akzeptanz der Ausbildung im Schutzdienst. Hier wird nach Meinung eines Teils der Gesellschaft der Hund aggressiv gemacht und bewusst zum Beißen eines Menschen eingesetzt. Für viele Menschen ist der Umgang mit dem Begriff Aggression ein heikles Thema. Der bekannte Verhaltensforscher Konrad Lorenz hat in seinem Buch »Das so genannte Böse« versucht darzulegen, dass Aggression an sich nichts Böses, sondern für die Arterhaltung und die zahlreichen Regelvorgänge des Zusammenlebens unverzichtbar ist. Aggressives Verhalten kann sich in unterschiedlichen Formen ausdrücken. Es kann sich äußern aus innerer Unsicherheit, aus Angst bei Ausweglosigkeit, bei vermeintlicher oder tatsächlicher Gefahr, aus Futterverteidigung, Revierverteidigung, aus dem Brutpflegeverhalten, aus der sexuellen Rivalität. aus spielerischer Auseinandersetzung oder auch aus Behinderung von Triebbefriedigung oder Frustration.

Zur Vermeidung überhöhter Aggressivität bei unseren Hunden müssen zuallererst einmal ihre natürlichen Entwicklungsbedürfnisse erfüllt sein. Sie müssen, um ausgeglichen zu sein, ihr natürliches Verhaltensrepertoire artgerecht ausleben können. Das kann unsere heutige Schutzdienstausbildung gut bieten. Wir sprechen in ihr überwiegend das Beuteverhalten als natürliche Verhaltensweise unseres Hundes an. Die Helfer im Schutzdienst machen als Schlüsselreize für Beute deutliche Bewegungen weg vom Hund mit einem so genannten »Schutzärmel«, einer Arm-Attrappe. Die Verhaltensweise des Hundes äußert sich im Hinterherlaufen, Fassen und anschließendem Abtragen. Der Hund lernt, sich ausschließlich an der Beuteattrappe zu orientieren. Diese Attrappe in Verbindung mit dem so genannten »Helfer im Schutzdienst«

Training unter erschwerten Bedingungen im Schutzdienst: Aufmerksam beobachtet der Diensthund die Durchsuchung eines Scheintäters

wird zum Auslösereiz für Beuteverhalten. Der gesamte Schutzdienst wird im Laufe der Ausbildung zu einem ritualisierten Kampf zwischen Hund und Helfer im Schutzdienst um den Ärmel. Es kommt zu keiner Beschädigung des Menschen, da das Ziel immer die Beute (Ärmel) ist.

Im Rahmen der Schutzhundprüfung wird auch das Verbellen abgefragt, welches aus einem reglementierten Aggressionsverhalten kommen soll. Dieses wird durch kurzfristige Vorenthaltung der Beute durch den Helfer erzeugt. Der Hund ist durch die momentane Nichtbefriedigung frustriert oder wir würden sagen »sauer« und bellt im wünschenswert reglementierten Aggressionsverhalten. Der Hund lernt durch die Ausbildung, seine natürlich vorhandenen Triebanlagen Beute und Aggression verbunden mit der entsprechenden Unterordnung kontrolliert auszuleben. Natürlich vorhandene aggressive Energien laufen aufgrund des Gehorsams und entsprechender Nervenstärke ständig kontrolliert ab. Hunde, die aufgrund einer solchen artgerechten Ausbildung ihr natürliches Verhaltensrepertoire im Schutzdienst ausle-

SV-Leistungsrichter Günther Diegel im Prüfungsgeschehen.

ben können, stellen nachweislich keine Gefahr für die Öffentlichkeit dar. Ein Unfallrisiko besteht lediglich bei natürlich vorhandenen nicht ausgelebten Trieben, also bei allen nicht ausgebildeten Hunden.
Bei entsprechend planvoller Zucht und verantwortungsvoller Sozialisierung in Verbindung mit artgerechter Ausbildung werden wir unseren Deutschen Schäferhund als Gebrauchshund auch weiterhin problemlos in der Öffentlichkeit präsentieren können.

Welchen Vorteil habe ich eigentlich, wenn ich mit meinem Hund in einem Verein trainiere?

Der Verein hat die satzungsgemäße Aufgabe, seine Mitglieder bezüglich Zucht-, Ausbildungs-, und Haltungsfragen ihrer Hunde zu fördern und zu unterrichten. Zu diesem Zweck bildet er unter anderem Übungsleiter aus, die neben den erfahrenen Übungswarten als Ausbildungsmultiplikatoren in ihren Ortsgruppen eingesetzt werden. Diese werden ständig eingehend geschult und sind somit sachkundig. Die Schulungsthemen umfassen folgende Ausbildungsschwerpunkte:

1. *Rhetorik und Menschenführung*
2. *Versicherungen für Hundehalter und Hundesportvereine*
3. *Erste Hilfe am Hund*
4. *Das Recht um den Hund*
5. *Die Struktur des SV*
6. *Theoretische Grundlagen der Ausbildung*
7. *Theoretische und praktische Ausbildung*
8. *Die Prüfungsordnungen*
9. *Der Leistungsrichter-Leitfaden*

Die Mitglieder werden im Verein nur von fachkundigem Ausbildungspersonal auf entsprechend geeigneten Übungsgeländen betreut. Sie haben ständig die Möglichkeit, unter Anleitung, ihre Hunde nach neuesten wissenschaftlichen Erkenntnissen zu trainieren. Zudem ist durch die Vereinszugehörigkeit ein sportliches und kameradschaftliches Wirken unter Gleichgesinnten und Interessierten möglich. Intensiv geschulte Richter stehen zur Abnahme von organisierten Leistungsprüfungen zur Verfügung.

Vielleicht lohnt es sich, diese Interviewpassagen einfach noch einmal zu lesen. Zur Ausbildung Ihres Hundes gehört Herz, Sach- und Fachverstand. »Vier Jahre ...«, so erklärte mir ein anderer, erfahrener Schäferhundzüchter, »... kommt ein Hund, vier Jahre bleibt er in den goldenen Jahren, und vier Jahre geht der Hund«. Diese Anspielung auf das etwa zu erwartende Lebensalter eines Hundes beschreibt den Entwicklungsverlauf. Der Volksmund kennt den Ausspruch »gut Ding braucht Weile«. Setzen Sie sich deshalb nicht selbst mit Ihrem Hund unter allzu großen Erfolgsdruck. Der Deutsche Schäferhund ist kein DIN-genormter Konsumartikel von der Stange, sondern

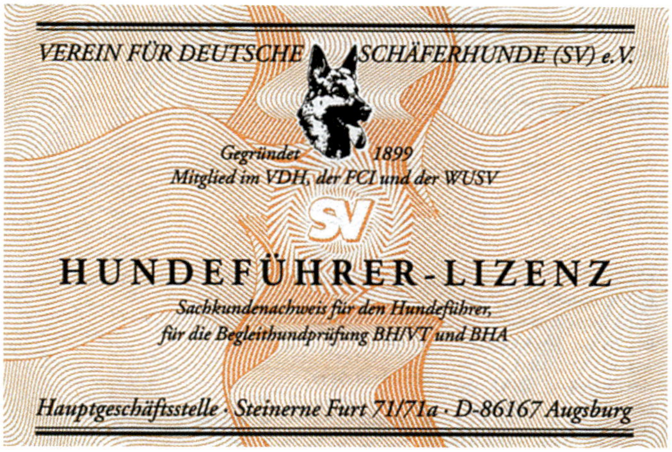

Die Hundeführer-Lizenz des Vereins für Deutsche Schäferhunde e.V.

ein individuelles Wesen und spezieller Freund. Tipps und Ausbildungshinweise sind keine Bibel, an die man einfach nur zu glauben braucht und auch keine Fibel, die Sie als Universalvorlage nur eins zu eins umzusetzen hätten. Deshalb sind auch schnelle Ausbildungslösungen in marktgerechter, passiver Konsumentenhaltung fehl am Platz. Ein Freund kann niemals Konsumartikel sein, das gemeinsame Lernen mit Ihrem Hund fordert Sie immer auch mit Ihrer ganzen Persönlichkeit.

In »Der kleine Prinz« von Antoine de Saint-Exupéry spricht der Fuchs mit dem kleinen Prinz: »Bitte ... zähme mich!« sagte er. »Ich möchte wohl«, antwortete der kleine Prinz, »aber ich habe nicht viel Zeit. Ich muss Freunde finden und viele Dinge kennen lernen.« »Man kennt nur die Dinge, die man zähmt«, sagte der Fuchs. »Die Menschen haben keine Zeit mehr, irgendetwas kennen zu lernen. Sie kaufen sich alles fertig in den Geschäften. Aber da es keine Kaufläden für Freunde gibt, haben die Leute keine Freunde mehr. Wenn du einen Freund willst, so zähme mich!«

Eine wunderbare Zeit mit Ihrem vierbeinigen Freund liegt vor Ihnen.

IV. Die goldenen Jahre

Vom 24. Monat bis zum 8. Lebensjahr

Slalom: Nur mit hoher Konzentration fehlerfrei zu bewältigen.

Der Deutsche Schäferhund im Alltag

»Hunde haben alle guten Eigenschaften des Menschen, ohne gleichzeitig ihre Fehler zu besitzen« (Friedrich II., der Große, 1712–1786)

Dieses dem am 17. August 1786 in Sanssouci gestorbenen preußischen König zugeschriebene Zitat mag aus seiner Ursprünglichkeit vielleicht anders interpretierbar sein, schreibt den Hunden ganz sicherlich aber eine hohe Wertschätzung zu. Eine Wertschätzung, die Hunde in der heutigen Gesellschaft immer noch besitzen, die aber kritisch von der Öffentlichkeit reflektiert wird.
In der Bundesrepublik Deutschland, so kann man dem Geschäftsbericht zum Jahr 2003 des Verbandes für das Deutsche Hundewesen (VDH) entnehmen, leben relativ konstant 4,8 Millionen Hunde unterschiedlicher Rassen und Mischlinge.
Trotz diverser Verordnungen auf unterschiedlichen Ebenen und der so genannten »Kampfhund«-Diskussion – auf dieses Thema gehe ich in diesem Buch noch besonders ein – ist es nicht grundsätzlich zu einem hundefeindlichen Klima gekommen. Im Rahmen der Welt-Hunde-Ausstellung 2003 in Dortmund, an der 18.716 Rassehunde (zuzüglich ca. 1800 Hunde für die kynologischen Wettbewerbe) und ca. 800 Hunde im Mischlingswettbewerb teilnahmen, stellte der VDH eine interessante Studie des Industrieverbandes Heimtierbedarf (IHV) vor. Grundlage war eine repräsentative Umfrage bei 1059 Hundehaltern und Nicht-Haltern. Dabei zeigte sich, auch Nicht-Halter standen Hunden durchaus positiv gegenüber:

- So sahen 97% der Befragten dieser Gruppe, dass Hunde eine wichtige Funktion als Polizei-, Blinden- und Rettungshunde hätten,
- dass Hunde intelligente Tiere seien, glaubten 81 %,
- dass kein Hund von Natur aus aggressiv sei, sondern vielmehr erst die Menschen ihn dazu machten, glaubten 81 %,
- dass man sich mit Hunden sicherer fühlt, bestätigten 77 %,
- dass Hunde trösteten, wenn man mal traurig ist, meinten 73 %,
- dass Hunde es einfacher machten, Kontakt zu anderen Menschen zu finden, bejahten 70 %.

Bemerkenswert auch folgende Aussagen:

- dass Hunde in Restaurants nichts zu suchen hätten, meinten 77 % der Befragten,
- dass Hunde heutzutage viel zu sehr vermenschlicht würden, glaubten 74 %,
- dass Halter zu wenig Einsicht in Bezug auf den Hundekot hätten, bestätigten 89 %.

Nur 6 % der Befragten mögen Hunde grundsätzlich nicht. Kritik gab es an den Hundehaltern und ihrer fehlenden Toleranz anderen gegenüber. Hundekot im Straßenbild der Städte und Gemeinden und freilaufende und unbeaufsichtigte Hunde wirken allgemein negativ.
Bei dieser Erhebung ging es nicht speziell um eine Rasse, sondern um Hunde allgemein. Der VDH hat sich mit seinem Engagement um ein positives Klima grundsätzlich »pro Hund« verdient gemacht und bedeutende wissenschaftliche und gesellschaftspolitische Impulse in diesem Bereich gegeben. Unschwer ist zu erkennen, dass es viel für unsere Hunde im Laufe Ihres Lebensbogens, aber auch für uns als aktive Hundehalter zu lernen gilt. Die Sachkunde des Hundehalters, der Gehorsam und die Sozialverträglichkeit unserer Hunde bekommen einen immer höheren Stellenwert. Dabei ist die Hundedichte in Deutschland mit ca. 13 % der Haushalte noch relativ gering (in der Schweiz haben ca. 11 %, in Österreich ca. 15 % der Haushalte einen Hund). Europäische Spitze mit ca. 38 % ist übrigens Frankreich.

Nicht Pflicht, sondern tägliche Freude: Mit dem Hund die Natur erleben.

Für ein positives Miteinander gibt es also viel zu lernen und zu beachten. Das Thema Hund steht in Intervallen immer wieder im Fokus der Medien. Wenn Sie mit Ihrem angeleinten und im Gehorsam stehenden Hund durch die Stadt gehen und die Menschen vielleicht noch sehen, dass sie eine kleine Plastiktüte an Ihre Lederleine geknotet haben, die sofort zum Einsatz kommt, falls es mal einen »Haufen« auf dem Bürgersteig gibt, sind Sie ein positives Modell für einen verantwortungsbewussten Hundehalter.

Der Deutsche Schäferhund vermeidet gerne Fehler, er besitzt eine große Lernmotivation und kann sich sehr gut Situationen anpassen. Aus meiner Erfahrung, egal ob auf dem Hundeplatz oder sonst wo draußen oder im Haus, meine Hunde haben immer gerne mit mir im Team gelernt und gearbeitet. Da Sie und Ihr Hund hoffentlich gemeinsam viel Zeit verbringen werden, liebt er es, möglichst oft »mittendrin« zu sein. Sein Motto lautet: »Learning by doing mit Ihnen«. Bei fast jeder Zeile dieses Buch lagen abwechselnd oder auch parallel meine Rüden Whisky und/oder Dexter in meinem Arbeitszimmer neben meinem Schreibtischstuhl oder direkt unter dem Schreibtisch. Egal ob auf dem Weg zum Champion oder zum ausschließlichen Familienhund, es gibt täglich von A wie Auslauf, über F wie Fütterung, P wie Pflege bis Z wie Zeckenschutz vieles zu erleben.

Moderne Ernährung ist mehr als nur ein voller Bauch

In seinem Erwachsenenalter, das etwa nach dem 14. bis 16. Lebensmonat (Abschluss der Wachstumsphase) beginnt, hat Ihr Hund je nach seinen körperlichen Betätigungen und der Länge und Intensität Ihrer gemeinsamen Ausgänge einen modifizierten Energiebedarf. Ohne das Training auf dem Hundeplatz mitzuzählen, gehen wir dreimal pro Tag mit unseren Hunden morgens vor der Arbeit, mittags und abends zum Toben und Lösen nach draußen in Wald, Feld oder Wiesengelände. Der regelmäßige Auslauf ist neben der körperlichen Aktivität auch eine Art Psychohygiene für den Hund.

Zum Wohlbefinden und zur gesunden Entwicklung der Leistungsfähigkeit kommt der Ernährung unserer Hunde eine außerordentlich wichtige Funktion zu.

»Der Mensch ist, was er isst«, sagte Philippus Aurelos Theophratus Bombastus von Hohenstein, Arzt, Naturforscher und Philosoph. Besser bekannt ist er sicherlich unter dem Namen Paracelsus (1493–1541). Paracelsus beschrieb den »inneren Arzt« und die Unterstützung durch gesunde Ernährung und durch die Heilkraft der Natur. Nun ist der Hund kein Mensch, aber eine hochwertige Nahrung ist wohl für beide wichtig. Gesunde Nahrung für den Hund muss aus gut verdaulichen Proteinen, Fetten, Ballaststoffen, Mineralstoffen, Vitaminen und stets ausreichend frischem und kühlem Wasser bestehen. Dabei ist die Güte und Qualität der Rohstoffe und der Herstellungsabläufe ebenso von entscheidender Bedeutung, wie deren optimale Zusammensetzung und die Dosierung des Futters für unseren Hund. Die Fütterung aus dem »Kochtopf« des Menschen ist abzulehnen und führt zu Mangelerscheinungen. Die Kreation einer eigenen Futterrezeptur ist ebenfalls nicht mehr notwendig.

Der Deutsche Schäferhund verfügt über 42 Zähne und hat ein Scherengebiss, das also für das Schneiden und nicht für das Kauen ausgelegt ist. Der Magen des Hundes ist in der Lage, große Mengen schnell aufzunehmen. Sie werden sich vielleicht anfänglich wundern, wie schnell Ihr Hund schaufelnd frisst. Bei uns ist die abendliche Hauptfütterung sehr schnell beendet, für ihre gefüllten Edelstahlnäpfe benötigen unsere Hunde nicht viel mehr als eine Minute. Nach dem Füttern sollten Sie Ihrem Hund unbedingt eine Ruhephase einräumen (siehe erste Hilfe, Magendrehung, Seite 73). Eine Vorverdauung durch Enzyme findet nicht statt. Im Magen herrscht ein hoher Säuregrad, der Keime und Bakterien neutralisiert und sogar Knochen verdauen hilft. Der Dünndarm des Deutschen Schäferhundes ist recht kurz, sein Verdauungssystem ist tendenziell eher empfindlich.

Verständlicher Verdruss eines Grundstückbesitzers.

Die innovative Fütterung des Deutschen Schäferhundes als aktiven Gebrauchshund ist im Kontext mit seinen speziellen ernährungsphysiologischen Aspekten zu sehen. Die moderne Forschung entwickelte deshalb Fertigfutter, die mehr als nur »sättigen«. Sie wirken positiv auf Gesundheit, Fell, Immunsystem, Gelenke und Akzeptanz durch den Hund. Das Futter sollte möglichst wenig Gärung produzieren. Vielleicht ist es eben doch in abgewandelter Anlehnung so, wie es Paracelsus beschrieb: »Der Hund ist, was er frisst«. Der sehr breit gefächerte Markt bietet Ihnen eine Vielzahl von Produkten. Ein hochwertiges (Premium-) Futter ist aus meiner Erfahrung empfehlenswert, wobei ein 15-kg-Sack schon zwischen 40,– bis 50,– EUR (sFr 60,– bis 90,–) kosten kann.

Der Fachhandel bietet bereits spezielle Futtersorten für den Deutschen Schäferhund und seine besonderen Bedürfnisse an. Bei einem hochwertigen und gut verdaulichen Futter werden Sie bald noch einen nicht zu übersehenden Vorteil feststellen. Der Kot Ihres Hundes hat eine gute Konsistenz, ist nicht breiig und die Absatzmenge hält sich in Grenzen.

Ein Hund liebt übrigens beim Fressen möglichst feste Zeiten und Orte und seinen eigenen Napf.

Sie können die Futterportionen beim erwachsenen Hund verteilen; wir füttern unsere Hunde morgens (geringer) und abends. Aber nochmals: Gönnen Sie Ihrem Hund anschließend eine Ruhephase.

Zur Akzeptanzerhöhung weichen wir das Futter mit lauwarmem Wasser kurz vor. Zur besonderen »Verfeinerung« gebe ich gelegentlich schon mal etwas Dosenfutter, ein Ei oder etwas Bierhefe hinzu. Auf besondere Stärkungsmittel verzichte ich.

Ein Tipp: Plastiktüte an die Leine binden, für den Fall, dass sich Ihr Hund unvorhergesehener Weise lösen sollte.

Nicht alles, was es im Regal zu kaufen gibt, erschließt sich meiner Logik als Konsument: (Hunde-)Drops, Schokolade oder Pausensnacks kaufe ich nicht. Leckerchen sind etwas Besonderes und heben sich vom gewöhnlichen Futter ab; Ochsenziemer oder erhitzte und anschließend getrocknete Schweineohren aus dem Fachhandel sind natürlich ein spezieller abendlicher Hochgenuss. Die Hunde haben anschließend in aller Regel Durst, der Wassernapf sollte also gut gefüllt sein. Achten Sie aber darauf, dass keine Überfütterung stattfindet. Leider sind übergewichtige Hunde vermehrt anzutreffen, was wie bei uns Menschen negative Auswirkungen auf die Gesundheit haben kann. Bei einer Futterumstellung geben Sie eine Woche Zeit zur Umstellung der Darmflora, indem Sie die Anteile des neuen Futters langsam erhöhen. Zu häufige Änderungen im Ernährungsplan sind kontraproduktiv und führen zu Verdauungsproblemen und können negativ auf das Gesamtbefinden Ihres Hundes wirken.

Ihr Hund hat deutlich andere Ernährungsbedürfnisse als Sie. Entscheiden Sie sich bei der Fütterung für Klasse statt Masse, damit es ein richtiger »Prachtkerl« wird.

Keine aufwändige Inspektion – die Pflege Ihres Hundes

Die robuste Natur Ihres Hundes schließt eine regelmäßige Pflege keinesfalls aus. Mit guter Beobachtung und wenigen Handgriffen erkennen Sie frühzeitig, ob Sie vielleicht tierärztliche Hilfe benötigen. Ich habe es mir angewöhnt, meine Hunde täglich ausgiebig zu kraulen und sie dabei auch auf eventuelle Veränderungen abzutasten. Da unsere Hunde im Hause mit uns leben, legen wir natürlich besonderen Wert auf eine umfassende Pflege. Die tägliche »Massage« genießen die Hunde entspannt und reagieren mit allgemeinem Wohlbefinden.

Hautparasiten: Je weiter im Süden Sie leben, desto besser sind Sie wahrscheinlich über Zecken und die von ihnen ausgehenden Gefahren informiert. Aber auch in Norddeutschland sind Draculas Gehilfen im Einsatz. Besonders in den Monaten April bis Juni und September bis Oktober lauern diese wenig freundlichen und teilweise gefährlichen Gesellen in Wald, Wiese, Gestrüpp, aber auch im Garten. Dort warten sie auf ihren Wirt, egal ob Wild, Hund oder auch Mensch. Als Sensor dient ihnen dabei ihr Geruchssinn. Der Holzbock kann dabei sowohl auf den Menschen, besonders aber auf den Hund die lebensbedrohende Borreliose und für den Hundehalter die Frühsommer-Meningcenzephalitis, FSME (Virus), übertragen. In den Regionen Europas unterschiedlich ist jede dritte bis vierte Zecke mit Borrelien (Bakterium) infiziert. Eine Borreliose-Erkrankung beginnt wenige Tage oder auch Wochen nach dem Biss der gefährlichen Plagegeister. Über zehn Prozent der infizierten Hunde erkranken dann auch im Weiteren an der Borreliose. Die Begleiterscheinungen sind Gelenk- und Muskelentzündungen, Schwäche, Fieber und Verlust an Vitalität. Trotz medizinischer

Langstockhaar.

Zähne schaue ich mir regelmäßig an und säubere sie gegebenenfalls mit speziellen Pflegemitteln.

Hundehaar: Meine Hunde werden regelmäßig gekämmt und gebürstet. Vielleicht gefällt diese Prozedur nicht gleich jedem Hund auf Anhieb, aber setzen Sie sich durch. Die Fellpflege ist nicht nur während der Haarung wichtig. Hunde, die im Haus gehalten werden, verlieren immer unterschiedlich stark Haare und zwar mehr als bei einer Zwingerhaltung im Freien. Unsere drei Hunde haben normales Stockhaar mit einer sehr guten Funktionalität und Isoliereigenschaft.

Behandlung mit Antibiotika sind Spätfolgen leider nicht auszuschließen.

Ich habe mich im Laufe der Jahre zum regelrechten »Zeckenentfernungs-Experten« entwickelt und entferne diese Blut saugenden Parasiten schnell aus der Haut des Hundes. Sollten Sie sich ekeln, nutzen Sie eine spezielle Zeckenzange, die Sie im Fachhandel erhalten. Verzichten Sie darauf, die Zecken einzuölen, in ihrem Todeskampf geben sie ihren infektiösen Speichel oder Darminhalt in die Bisswunde ein. Sollten Sie selber einen Zeckenbiss bei sich feststellen, gehen Sie besser zur weiteren Diagnose und Behandlung zu Ihrem Hausarzt.

Um diese Plagegeister möglichst abzuwehren, habe ich mich für eine gezielte Prophylaxe entschieden. Ich mische meinen Hunden täglich ab Frühjahr ein Knoblauchgranulat unters Fressen und kaufe bei meinem Tierarzt ein Spezialpräparat zum Schutze vor Flöhen und insbesondere Zecken. Dieses wird am Hals und Rutenansatz auf die Haut des Hundes gegeben und schützt recht sicher und wirksam. Auch eine spezielle Impfung hat sich bewährt.

Zu meinem weiteren Pflegeprogramm gehört die tägliche Entfernung des Augensekretes. Auch die Ohren und

Das kurze Haar wird durch eine darunter liegende Unterwolle sinnvoll ergänzt und ergibt einen idealen Schutz vor Regen und Kälte.

Wir hatten auch schon einmal einen Langstockhaar-Schäferhund mit eben entsprechend längerem Haar. Diese Hunde, auch gerne »Altdeutsche Schäferhunde« genannt, verfügen meiner Meinung nach über eine besonders freundliche Ausstrahlung und oft besonders schöne Masken mit »Fahnen« an den Ohren und buschiger Rute. Ich wurde öfters unterwegs von Passanten auf die besondere Schönheit und die intensiven Farben angesprochen. Dieser Hundeschlag fällt immer mal wieder in einem Wurf, ist aber selber später von der Zucht ausgeschlossen. Aufgrund ihres langen und weichen Deckhaares benötigen sie auch etwas mehr Pflege. Im Winter hatte ich oft das Problem, dem Hund verklumpten Schnee am Ballen und zwischen den Zehen entfernen zu müssen. Im Wald blieben auch schon mal Bucheckerhülsen haften. In beiden Beispielen ist die Bewegungsintensität des Hundes deutlich durch den Druckschmerz eingeschränkt gewesen. Langstockhaar-Schäferhunde dürfen nicht für die weitere Zucht verwandt werden. Auf Zucht-

Im direkten Vergleich: Langstock- und Stockhaar.

schauen können sie keine positive Zuchtbewertung erhalten, aber durchaus an allen Leistungsveranstaltungen teilnehmen und erzielen hier zum Teil auch Spitzenergebnisse. Mir gefielen der Typ und das »Outfit« des Langstockhaar-Schäferhunds immer gut. Es ist für mich auch nicht verwunderlich, dass immer wieder Welpeninteressenten speziell nach diesen Deutschen Schäferhunden fragen.

Neben dem Langstockhaar gibt es als weitere seltene Variante der Natur den Langhaarschäferhund. Ihm fehlt die wärmende Unterwolle und er ist daher in seiner Gebrauchshundtüchtigkeit erheblich eingeschränkt. Ich habe mit vielen erfahrenen Züchtern gesprochen, sie berichteten übereinstimmend, wie selten der Langhaarschäferhund vorkommt.

Wie auch immer die Haarbeschaffenheit Ihres Hundes ist, lassen Sie bitte die ausgekämmte Hundewolle nicht achtlos irgendwo draußen liegen, sammeln Sie diese ein und entsorgen Sie sie ordnungsgemäß. Eventuelle Hautparasiten können so unschädlich gemacht werden. Ich sprühe meine Hunde gelegentlich mit einem Fellglanzmittel aus dem Reitershop ein. Die Reiter wollen mit diesem Schweif- und Mähnenspray die Putzzeiten reduzieren und eine schmutzabweisende Wirkung erreichen. Zusätzlich erziele ich einen lang andauernden, feinen Glanz.

Im Frühjahr und Herbst bade ich meine Hunde bei schönem Wetter mit einem Hundeshampoo und lasse sie ihr Haar anschließend im Garten trocknen.

Versäumen Sie nicht, Ihren Hund regelmäßig zweimal pro Jahr gegen eventuelle **Würmer** zu behandeln. Rutschen auf dem Hinterteil (»Schlittenfahren«), stumpfes Fell oder Abmagern können Indizien für Würmer sein. Überwiegend handelt es sich bei jüngeren Hunden um Spulwürmer, bei älteren Hunden kann es auch ein Bandwurm sein. Beobachten Sie immer wieder mal den Kot Ihres Hundes, hier könnten Sie die Würmer sehen. Der Tierarzt hat im Zweifelsfall die richtige Medikation. Wir behandeln unsere Hunde regelmäßig und notieren dies auch im Kalender, deshalb hatten wir auch noch nie Probleme mit Würmern.

Gewöhnen Sie Ihren Hund von klein auf an das Einnehmen von Tabletten. Öffnen Sie den Fang und legen Sie die Tabletten so weit wie möglich in den Rachen, anschließend halten Sie den Fang leicht nach oben gerichtet zu und fördern durch sanftes Kraulen unter dem Fang Schluckbewegungen des Hundes. Achtung, der Hund spuckt gerne mal die Arznei aus. Hat schließlich alles geklappt? Dann vergessen Sie nicht das Loben Ihres Hundes.

Das **Fiebermessen** muss auch frühzeitig trainiert werden. Nehmen Sie Vaseline oder Ähnliches und cremen Sie das Hundethermometer ein, bevor Sie es vorsichtig in den After des Hundes einführen. Die Körpertemperatur eines Deutschen Schäferhundes liegt ab der ca. vierten Lebenswoche bei 38,5 Grad.

Vielleicht noch ein besonderer »Pflegetipp«: Achten Sie kurz vor und an Silvester besonders auf Ihren Hund. Der Deutsche Schäferhund ist durchaus »knallfest«, was ja auch bei jeder Zuchtschau oder Schutzhundprüfung abgeprüft wird, dennoch hatte schon so mancher Querschläger unangenehme Konsequenzen für einen Hund. Lassen Sie einen jungen Hund Silvester nicht alleine und meiden Sie die gemeinsame Feuerwerkparade in der Nachbarschaft oder auf dem Marktplatz.

Die praktische Pflege des Deutschen Schäferhundes ist nicht sehr zeitaufwändig und im Großen und Ganzen problemlos durchzuführen.

Impfen ist Tierschutz

Der Welpe erhält durch die Erstmilch der Mutterhündin den ersten Infektionsschutz. Diese schützende Wirkung reduziert sich bis zur 18. Woche ganz. Ab der 7. Woche beginnt deshalb der bewährte Impfplan mit der ersten Impfung. Sie schützt den Hund vor übertragbaren und tödlich verlaufenden Infektionserkrankungen (Staupe, Hepatitis, Leptospirose und Parvovirose). Deshalb ist Impfen aus meiner Sicht auch praktischer Tierschutz. Seuchen haben ihren epidemischen Todescharakter weitgehend verloren, ein Erfolg wirksamer Impfstoffe. Etwa vier Wochen später impft der Tierarzt dann nochmals gegen die vorgenannten Krankheiten und zusätzlich gegen Tollwut.

Tierärzte empfehlen eine nochmalige Impfung nach etwa 16 Wochen, so dass der Welpe dann insgesamt im ersten Lebensjahr dreimal behandelt wurde. Nach einem Jahr erfolgt die jährliche tierärztliche Untersuchung und Auffrischungsimpfung.

Impfungskürzel: **SHPLT+Pi**

- **S** = Staupe
- **H** = Hepatitis
- **P** = Parvovirose
- **L** = Leptospirose
- **T** = Tollwut
- **Pi** = Zwingerhusten

Bitte beachten Sie die Einhaltung des Impfplanes, um wirksam das Auftreten von Infektionskrankheiten zu vermeiden.

Einen Impfpass haben Sie beim Welpenkauf vom Züchter erhalten. Er ist ein lebenslanger Wegbegleiter Ihres Tieres.

Hundealter ist nicht gleich Menschenalter

Ein erfahrener Schäferhundzüchter erzählte mir einmal, dass ein Hundelebensjahr ungefähr mit sieben Jahren eines Menschenlebens gleichgesetzt werden könnte. Nur das erste Lebensjahr eines Hundes würde wesentlich weniger ausmachen und etwa auf das Gesamtalter allenfalls nur mit ein bis zwei Jahren zählen.

Heute können wir diesen Altersvergleich kynologisch präzisieren. Sie haben bereits in den vorangegangenen Kapiteln gelesen, dass ich es für sehr wichtig halte, unsere Hunde entsprechend ihres Entwicklungsstandes zu erziehen und auszubilden. Wir haben es mit Lebewesen und eben nicht mit maschinell produzierten Sportgeräten zu tun, die nach Bedarf eingestellt, gespannt oder geölt werden. Dieser ethischen Verantwortung muss sich ein Hundehalter stets bewusst sein.

Der Deutsche Schäferhund entwickelt erst im Laufe der Zeit seine optimale körperliche und seelische Ausreifung. Für unseren jungen Hund ist eine überzogene, zu frühe Leistungsoptimierung ebenso schädlich wie das aktive und passive »Dummhalten« durch Massenhaltung oder dadurch, dass dem Tier eine aktive Teilhabe am normalen Leben des Menschen vorenthalten wird. Förderung und Forderung müssen in einem ausgeglichen Verhältnis stehen. Aber es ist ähnlich wie beim Dünger im Garten: Dosiert ist Dünger gut, aber zuviel Dünger bedeutet eben nicht, dass die Vitalität der Pflanzen noch besser wird. Das Selbstbewusstsein, die Sicherheit und das Sozialverhalten des Hundes werden durch eine altersentsprechende aktive Förderung, unterbrochen durch Erholungs- und Ruhephasen, positiv beeinflusst.

Aber wie alt ist denn mein Hund im Vergleich zu der Entwicklung eines Menschen, werden Sie sich jetzt vielleicht fragen. Im ersten Lebensjahr ist der Entwicklungsvergleich Hund-Mensch sehr rasant. Ihr sechs Monate alter Deutscher Schäferhund hat etwa den Entwicklungsstand eines zehnjährigen Kindes. Mit einem Jahr hat sich die Entwicklung mit dem Faktor zwanzig multipliziert, das heißt, ein einjähriger Hund entspricht ungefähr einem zwanzigjährigen Menschen. Ab dann ist ein weiteres Hundelebensjahr mit zirka vier weiteren Menschenlebensjahren zu vergleichen. Ist Ihr vierbeiniger Freund fünf Jahre alt, entspricht dies zirka sechsunddreißig Jahren beim Menschen. In der Seniorenphase ändert sich die Berechnungsgrundlage wieder etwas. Mit dreizehn Jahren wäre der Hund etwa siebzig Jahre und mit achtzehn Jahren stolze neunzig Menschenjahre alt.

Selbstverständlich handelt es sich hier um Anhaltswerte, die eine Orientierung erleichtern. Aber wie bei uns Menschen bestimmen die Veranlagung, die Ernährung und ein gesundes und aktives Leben deutlich die Vitalität. Ich habe jeder Lebensphase meiner Hunde einen besonderen Charme abgewinnen können. Zum alten Eisen gehört ein ergrauter Senior allemal nicht; alles im Leben hat halt seine Zeit.

Jedes Hobby kostet auch Geld

Der Kauf und die Haltung eines Deutschen Schäferhundes kann nicht nach betriebswirtschaftlichen Richtlinien im Sinne einer Kosten-Nutzenrechnung aufgestellt werden. Trotz alledem gilt es, einige feste Ausgabepositionen im Haushaltsbudget zu bedenken.

- An jährlichen Futterkosten entstehen bei einem Premium-Futter Aufwendungen in Höhe von ca. 500,– EUR (sFr 750,–). Der Futtermarkt bietet aber natürlich auch günstigere Produkte an.
- Eine Hundehaftpflichtversicherung liegt pro Hund im Schnitt um die 70,– EUR (sFr 105,–). Vergleichen Sie die Angebote, es liegen oft größere Unterschiede dazwischen. Manche Gesellschaften gewähren spezielle Rabatte, auch für Mitglieder von Hundevereinen im VDH, nachzufragen lohnt sich also. Auch in einem sehr gut ausgebildeten Deutschen Schäferhund steckt immer auch ein »Restrisiko«, deshalb unbedingt diese Versicherung abschließen. Viele Gesellschaften bieten auch so genannte »Zwinger-Haftpflichtversicherungen« für Züchter mit mehreren Hunden zu Sonderkonditionen an.
- Die Hundesteuer ist regional unterschiedlich, manchmal erhält man für einen Hund mit abgelegter Schutzhundprüfung einen Sonderbonus. Rechnen Sie auch hier zwischen 25,– bis 100,– EUR (sFr 35,– bis 150,–) Jahressteuer.
- Natürlich gibt es auch manchmal etwas beim Hundeequipment zu ersetzen, ich rechne deshalb für neue Leinen, Halsbänder und Bürsten etwa 35,– EUR (sFr 50,–) pro Jahr.

- Die Tierarztkosten lassen sich nur sehr schwer kalkulieren. Für die reine Gesundheitspropyhlaxe (Impfen, Entwurmen, Pflegemittel und Zeckenschutz) schlagen noch einmal etwa 130,– EUR (sFr 200,–) zu Buche. Besondere Erkrankungen oder Unfälle verändern natürlich die Ausgabekalkulation.

Ohne die Aufwendungen für Prüfungen, Zuchtausstellungen und Vereinsbeitrag belaufen sich bei uns die Unterhaltskosten im Schnitt der Jahre für einen Hund bei rund 825,– EUR (sFr 1300,–) im Jahr.

Erste Hilfe für den Hund

Haben Sie auch einmal einen Erste-Hilfe-Kurs, vielleicht bei der Erlangung des Kfz-Führerscheins gemacht und wissen heute nicht mehr viel darüber? Dann ergeht es Ihnen wie vielen Menschen, die zwar guten Willens sind, zu helfen, aber Angst haben, etwas falsch zu machen. Dabei kann die »erste Hilfe« als eine Art Durchgangshilfe zum Tierarzt wirklich lebensrettend für einen Hund sein.

Legen Sie sich ein entsprechendes Buch zu (z. B.: Inge Hansen, »Erste Hilfe mit Naturheilmitteln«, Müller Rüschlikon Verlags AG) und studieren es aufmerksam. Entscheiden Sie sich, in den Verein für Deutsche Schäferhunde einzutreten, könnte auch gut von Ihrer Ortsgruppe eine Schulung angeboten werden.

Oberstes Gebot ist der Schutz der beteiligten Personen. Auch Ihr eigener Hund wehrt sich bei Schmerz oder Schock gegen Ihre Hilfsmaßnahmen. Sprechen Sie stets beruhigend mit dem Hund, beobachten Sie ihn genau (auch aus Schutz, nicht selber gebissen zu werden) und leinen Sie den Hund an.

Wichtig ist, auf das Bewusstsein des Tieres zu achten. Zeigt der Hund keine klaren Reflexe und ist er nicht ansprechbar, könnten zum Beispiel – für Sie nicht erkennbare – Schädel- oder Gehirnverletzungen die Ursache sein. In so einem Fall sollten Sie nicht zögern, unverzüglich einen Tierarzt zu konsultieren.

Ich möchte hier nur auf wenige Notfälle eingehen, auch hier lohnt es sich, die praktischen Handgriffe mit dem gesunden und unverletzten Hund zu üben. Falls es dann einmal doch zu einer Nothilfe kommt, fühlen Sie sich sicher und Ihr Hund hat die Handhabung auch schon einmal erlebt.

Legen Sie sich zuerst eine kleine »Notfallbox« zu, Ihr Tierarzt berät Sie gerne über den Inhalt für spezielle leichte Erkrankungen oder Notfallsituationen. Denken Sie unbedingt an eine Taschenlampe.

Leider ist es immer wieder zu erleben, dass Hunde bei Wärme im geschlossenen oder nur unzureichend belüfteten Auto bleiben. Unterschätzen Sie nicht die Wärmeentwicklung im Auto, dort sind schnell 40° und mehr erreicht. Auch wenn das Auto vielleicht zunächst im Schatten steht, denken Sie an die Wanderung der Sonne. Der Hund ist ein äußerst hitzeempfindliches Lebewesen, das keine Schweißdrüsen auf der Haut besitzt, sieht man mal von den Pfoten und der Nase ab. Er kann nur durch Hecheln die Temperatur bis zu einem gewissen Grad ausgleichen. Schnell kommt es im heißen Auto nach sehr kurzer Zeit zu Kreislaufproblemen oder zum Hitzschlag. Ich scheue mich nicht, die Polizei zu rufen, falls ich auf eine solch gefährliche Situation treffe. Bei lebensbedrohlicher Gefahr im Verzug würde ich auch den Hund mit dosierter Gewalt aus dem Auto retten, falls ich den Halter trotz Bemühungen nicht auffinden kann.

Der Hund muss bei **Überhitzung** sofort an einen schattigen Platz gebracht und mit Wasser langsam von den Beinen über den Rumpf bis zum Kopf abgekühlt werden. Legen Sie ihm ein kaltes Tuch auf Kopf oder Nacken und bieten Sie ihm Trinkwasser an. Dann muss er zum Tierarzt gebracht werden.

Es kann vorkommen, dass Ihr Hund von einer Biene gestochen wird. Manche Hunde lieben es geradezu, Bienen, Wespen usw. zu schnappen. Versuchen Sie, bei einem **Insektenstich** möglichst den Stachel vorsichtig mit einer Pinzette zu entfernen und die Stichstelle zu kühlen. Sollte ein Insektenstich im Rachen erfolgt sein, küh-

len Sie im Kehlkopfbereich und dann »superschnell« zum Tierarzt. Bei Insektenstichen können ähnlich wie beim Menschen allergische Reaktionen auftreten.
Auf einen besonderen Notfall möchte ich hier noch eingehen, mit dem ich selber konkrete Erfahrungen gesammelt habe. Hunde mit einem tiefen und schmalen Verhältnis des Brustkorbes und großer Bewegungsfreiheit des Magens haben eine stärkere Disposition zur **Magendrehung.** Die Magenbänder sind oft nicht straff. Nach dem Fressen vergrößert der Magen sein Volumen deutlich; besonders lebhafte Aktivitäten, große und schwer verdauliche Futtermengen, leicht gärendes Futter können das Pendeln des Magens und eine eventuelle Magendrehung fördern. Die Gase können nicht wie üblich über die Speiseröhre oder den Darm entweichen, wenn diese durch eine Drehung zugeschnürt sind. Der Magen gast auf. Bei der Drehung des Magens jault Ihr Hund meist kurz auf, legt sich dann relativ vorsichtig hin, um bald unruhig aufzustehen. Der Hund versucht wiederholt, erfolglos zu würgen und zu erbrechen. Falls der Hund etwas säuft, spuckt er das Wasser schnell wieder aus. Die Aufgasung des Magens erfolgt recht schnell und ist zu sehen und zu fühlen (Trommelbauch). Die Stabilität des Kreislaufes ist bedroht, nach anfänglich starker Unruhe wird der Hund zunehmend apathisch. Warten Sie keine Minute und fahren mit Ihrem Hund zum Tierarzt oder in eine Tierklinik. *Bitte warten Sie nicht!* Nur die rasche Hilfe des Arztes kann das Leben Ihres Hundes retten.
Ich habe eine solche Situation mit meiner Hündin Frana im fortgeschrittenen Alter erlebt.
Bei älteren Hunden erhöht sich etwa ab dem fünften Lebensjahr das Risiko dieser Erkrankung um ca. zwanzig Prozent. Tendenziell gesehen sind Rüden anfälliger als Hündinnen. Ein Ortswechsel oder eine längere Fahrt im Auto können die Auftrittswahrscheinlichkeit erhöhen, wenn der Hund dabei nervös ist und Stressfaktoren ansteigen. Diese Umstände waren aber bei meiner Hündin nicht der Fall.
Als ich die Anzeichen erkannte, fuhr ich sofort zur Tierklinik (unser Tierarzt), wo unser Hund durch eine sofortige Operation, bei der auch der Magen fixiert wurde, gerettet wurde. Obwohl ich Nichtraucher bin, habe ich in der Wartezeit eine Schachtel Zigaretten gepafft, bis ich eine positive Nachricht erhielt. Ich war heilfroh, vorher etwas über diese spezielle Notsituation gelesen zu haben und konnte deshalb auch sehr schnell richtig reagieren.
In unseren über 20 Jahren Hundehaltung ist eine Magendrehung ausschließlich bei dieser Deutschen Schäferhündin vorgekommen.
Grundsätzlich ist zu konstatieren, dass eine Magendrehung bei vielen großwüchsigen Rassen oder Mischlingen mit der beschriebenen Anatomie des Brustkorbes auftreten kann.

Krankheiten des Hundes

Die Zucht des Deutschen Schäferhundes ist eine Verbindung von Natur und Kultur; Vitalität und Gesundheit genießen bei jedem Züchter oberste Priorität. Sie haben bereits einen Deutschen Schäferhund oder wollen sich demnächst einen Vertreter dieser Rasse anschaffen, dann ist Ihre Wahl auf eine gesunde Rasse gefallen. Aufgrund der großen Population wird sehr viel über die Genetik und Biologie dieses Hundes geforscht und es werden Erkenntnisse und Ergebnisse gefunden. Diagnostische und therapeutische Verfahren der Tiermedizin, die insgesamt allen Hunderassen helfen. Die Schäferhundzucht nutzt diese wissenschaftlichen und medizinischen Ergebnisse, um möglichst vielen Krankheitsfaktoren auf den Grund zu gehen und durch besondere Zuchtstrategien zu eliminieren.
Exemplarisch möchte ich mich auf einige Krankheitsbilder beziehen, die für viele Rassen problematisch sein können:

Hüftgelenksdysplasie (HD): Unter dem Begriff HD sind sämtliche Fehlentwicklungen oder Fehlgestaltungen rund um das Hüftgelenk gemeint. Die Hüftgelenksdysplasie entsteht beim jungen Hund innerhalb der ersten gut zwölf Monate. Sie ist eine bei allen Hunderassen anzu-

treffende, mögliche Erkrankung. Bei der Entstehung dieser Krankheit spielen Erbfaktoren, aber auch Umwelteinflüsse wie Überforderung im Welpen- und Junghundalter oder falsche Ernährung eine wichtige Rolle. Selbst beim heutigen fortgeschrittenen Stand der Wissenschaft und Forschung sind aber noch lange nicht alle Zusammenhänge bekannt.
Anhand von Röntgenbildern ist nur der Phänotyp (das für uns Sichtbare) erkennbar, die genetische Anlage bleibt verborgen. Deutsche Schäferhunde werden zur Ermittlung des Status der Hüftgelenke ab einem Mindestalter von zwölf Monaten geröntgt. Die Auswertung und Begutachtung erfolgt durch eine zentrale Auswertungsstelle. Bei Befunden »normal«, »fast normal« und »noch zugelassen« wird ein »a«-Stempel auf der Ahnentafel angebracht (Voraussetzung für die Zulassung zur Körung und eventueller Zucht). Die mittlere oder schwere HD schließen den Zuchteinsatz aus. Auf die Zuchtwertschätzung wurde bereits im Welpenkapitel eingegangen (S. 32).
Die Zuchtvorschriften der Schäferhundevereine im Hinblick auf dieses Krankheitsbild sind also sehr streng. Deshalb wurden bei der Hüftgelenksdysplasie wichtige und entscheidende Erfolge erzielt.
Eine eventuelle Erkrankung kann je nach Ausmaß durch gezieltes Training (Tierphysiotherapie), optimale Ernährung, Bewegungseinschränkungen, medikamentöse Behandlungen oder chirurgische Eingriffe positiv beeinflusst werden.

Ellenbogendysplasie: Hierbei handelt es sich um eine Entwicklungsstörung der Ellenbogengelenke und ihrer Umgebung in der Wachstumsphase. Die Entstehungsgeschichte basiert auf ähnlichen Faktoren wie bei der HD. Im Gelenkknorpel entstehen Entzündungen, diese Abnützungserscheinungen können in schlimmen Fällen zu chronischen Gelenkerkrankungen führen. Der Junghund lahmt dann auf einem Vorderlauf. Die Diagnose erstellt der Tierarzt mit Hilfe von verschiedenen Röntgenbildern.
Bei jungen Deutschen Schäferhunden wird dann vom »isolierten Processus anconaeus«-Befund (Krümmungsfortsatz des Ellbogens, der sog. Gelenkmaus) gesprochen. Chirurgische Eingriffe sind dann meist vorprogrammiert.

Ernähren Sie Ihren Hund mit hochwertigem Futter – wie bereits beschrieben – und vermeiden Sie Überfütterungen (kein zusätzliches Kalzium füttern). Körperliche Belastungen und Ruhephasen müssen in einem ausgewogenen Verhältnis stehen. Produzieren Sie keine dauerhaften kurzen, schnellen und ruckartigen Richtungswechsel und Belastungen. Dies kommt alles noch später im ausgiebigen Maße. Die kontrollierte Zucht im Verein für Deutsche Schäferhunde nimmt sich mit Weitsicht schon jetzt dieses Themas an und empfiehlt, die Hunde zu röntgen. Wäre ein Befund vorhanden, sollten diese Hunde nicht für die weitere Zucht Verwendung finden.

Bei **Arthrosen** handelt es sich um degenerative Gelenkveränderungen, die leider chronisch sind und häufig in Intervallen auftreten. Kleinere Verletzungen oder auch Überlastungen in Gelenken können die Ursache bilden. Dosierte Bewegung an sieben Tagen in der Woche und wiederum eine schlanke Statur helfen, eine Versteifung zu verhindern. Bei auftretenden Schmerzperioden wird der Tierarzt auch ein schmerzstillendes Medikament verschreiben.

Ein weiteres orthopädisches Problem, das keineswegs nur schäferhundtypisch ist, stellt das **Cauda-equina-Syndrom** (»Pferdeschwanz«) dar. Dies kann bei sehr stark beanspruchten Hunden im Alter von drei bis vier Jahren, bei anderen Hunden mit sechs bis sieben Jahren auftreten. Die degenerative Erkrankung führt zur Einengung des Wirbelkanals mit dem möglichen Resultat eines Bandscheibenschadens. Lokale Schmerzen erzeugen Probleme beim Aufstehen, Treppensteigen im Haus oder auch beim Springen. Die Muskulatur an der Hinterhand nimmt ab, der Gang neigt dazu, »wackeliger« zu werden.

Forschungsarbeiten der zur Unterstützung sehr empfehlenswerten »Gesellschaft zur Förderung kynologischer Forschung«, beschäftigen sich mit genetischen und biomechanischen Aspekten dieser Erkrankungsvariante.

Ein Hautproblem, mit dem ich bei zwei Hunden selber Erfahrungen sammeln musste, ist die **nässende Dermatitis.** Bevorzugt tritt dieses Hautproblem an der Hinterhand oder auf der Kruppe in Erscheinung. Auslöser können zum Beispiel ein Flohbiss oder eine kleine Hautverletzung sein, durch die eine Infektion der Haut entsteht. In relativ kurzer Zeit kann sich dann eine nässende, zu eitriger Krustenbildung neigende Wunde entwickeln. Das Haar in dem betroffenen Bereich fällt aus und da ein starker Juckreiz besteht, lecken die Hunde den Wundbereich immer wieder. Dieser Umstand trägt leider dazu bei, eine weitere Ausbreitung zu forcieren. Ohne Behandlung können so innerhalb weniger Tage handtellergroße Wunden entstehen. Der Tierarzt kann hier mit Medikamenten (Antibiotika) helfen. Eine »Trichtertüte« um den Kopf des Hundes hindert ihn daran, die Wunde weiter zu belecken – ein Accessoire, das meinen Hunden absolut nicht gefiel! Das Haar wächst übrigens nach der Wundheilung wieder vollkommen nach. (Weiterführende Literatur: Volker Wienrich, »Hautkrankheiten und Allergien beim Hund«, Müller Rüschlikon Verlags AG.)

Im Verdauungstrakt kann die Funktionsstörung der Bauchspeicheldrüse zu einer so genannten **Pankreasinsuffizenz** führen. Die zu einer optimalen Verdauung notwendigen Enzyme werden hierbei nicht oder unzureichend produziert. Liegt eine besondere Sensibilität vor, hilft eine hochverdauliche Hundenahrung.

Durchfall oder auch »Diarrhöe« können einen akuten oder chronischen Verlauf haben. Häufig sind Fütterungsprobleme eine Ursache (Futterumstellung nur langsam und schrittweise durchführen). Natürlich kann auch eine bakterielle Infektion oder eine Stresssituation vorliegen. Ihr Hund wirkt geschwächt, verweigert das Fressen und hat gegebenenfalls auch Fieber. Zusätzlich kann es zum Erbrechen kommen, diese Kombination ist bei einer Haltung im Haus nicht besonders attraktiv, aber glauben Sie mir, Ihr Hund will Sie nicht ärgern, es geht ihm einfach nur »dreckig«. Damit es nicht zu einem Defizit im Wasserhaushalt des Hundes kommt, suchen Sie Ihren Tierarzt auf. Mit einer Medikation tritt meist sehr schnell Linderung ein. Auch robuste Naturen können erkranken, das gilt für den Mensch wie für unseren Hund.

Eine gesunde Ernährung, psychische Harmonie und ausgiebige und artgerechte Bewegung an frischer Luft stärken das Immunsystem und schützen den Organismus. Wissenschaftlich bewiesene Erkenntnisse aus der Forschung und Populationsgenetik helfen dabei, auch weiterhin gesunde und leistungsstarke Deutsche Schäferhunde zu züchten.

Beißunfälle – ein besonderes Thema?

Unfälle mit Tieren kommen leider immer wieder vor, das kennen wir aus dem Reitsport, der Landwirtschaft, aber natürlich auch aus der Hundehaltung. Seit dem traurigen und dramatischen Beißunfall von Hamburg sind die Medien besonders sensibel für solche Themen. Leider gab es auch Beißunfälle mit Deutschen Schäferhunden, aber auch mit solchen, die dafür gehalten wurden. Der Verein für Deutsche Schäferhunde erlaubt nur mit unbefangenen und wesensfesten Tieren zu züchten. In jeder Prüfung wird die Unbefangenheit der Deutschen Schäferhunde gewissenhaft von langjährig ausgebildeten und geschulten Leistungsrichtern überprüft. Auffällige, aggressive oder besonders schreckhafte Hunde können keine Prüfung bestehen. In der Körung findet eine weitere Überprüfung und Auswahl statt. Das Zuchtgeschehen wird seit über 100 Jahren im Verein begleitet und nach festen Regeln und Normen überwacht. Nur nach erfolgreichen Prüfungen und Körung kommen Deutsche Schäferhunde in die Zucht, dabei wurde natürlich auch die Sicherheit und Zuverlässigkeit der Tiere im belebten, öffentlichen Verkehrsraum vorher abgeprüft. Jeder Deutsche Schäferhund ist im rechten Ohr tätowiert und somit eindeutig identifizierbar. Häufig wird ein Unfall einem »Schäferhund« zugeschrieben, obwohl es sich dabei um einen Mischling oder einen schäferhundähnlichen Hund handelt. Hier sei nochmals deutlich der Hinweis auf die Tätowiernummer im rechten Ohr eines nach dem international gültigen Rassestandard gezüchteten Deutschen Schäferhundes gegeben. In einigen Bundesländern gibt es bereits heute die zusätzliche Chippflicht, es bleibt letztlich abzuwarten, ob es hier künftig zu einer bundesweiten Chippflicht kommen wird oder nicht.

Übrigens: Nur ca. 25 % der geschätzt verkauften 500.000 Welpen (Rassehunde und Mischlinge) pro Jahr in Deutschland stammen aus einer VDH (Verband für das Deutsche Hundewesen) kontrollierten Zucht. Etwa 20 % stammen aus Importen und 55 % aus unkontrollierter Zucht.

Ist der Deutsche Schäferhund übermäßig häufig in Beißunfälle verwickelt? Obwohl man diese Behauptung oft hört: Eindeutig nein! Wie erwähnt, gibt es zum einen das Problem, dass oft als »Schäferhund« bezeichnet wird, was im Endeffekt aber kein Deutscher Schäferhund ist. Die klare und kynologisch fundierte Zuordnung zur Rasse Deutscher Schäferhund ist für Ordnungsbehörden, Versicherungen, Medien und Privatpersonen meistens objektiv nicht leistbar, die Verwechslungsgefahr ist offenbar sehr groß.

Zweitens muss natürlich die Größe der Gesamtpopulation in ein Verhältnis zu den Unfällen gesetzt werden. Es wurden zum Beispiel im Jahr 2002 genau 20.353 Deutsche Schäferhundwelpen beim VDH eingetragen. Es macht also einen deutlichen Unterschied, ob z. B. die Zahl X an Beißunfällen auf einige Hundert Hunde pro Jahrgang oder auf über 20.000 pro Jahrgang kommt.

Allein in Deutschland wird die Population des Deutschen Schäferhundes auf weit über 250.000 Tiere beziffert. Im Verhältnis: Beißunfälle zur Anzahl der Deutschen Schäferhunde, und diese beiden Zahlen gilt es bei einer gewissenhaften Betrachtung in Relation zu setzen, gibt es überhaupt keine besondere »Beißauffälligkeit«. Die verantwortungsbewusste Zucht nach strengen und überprüften Kriterien mit wesensstarken und geprüften Tieren zahlt sich positiv aus. Je besser ein Hund ausgebildet und trainiert ist, desto geringer ist das Unfallrisiko. Jeder verantwortliche Hundehalter wird diese Tendenz durch eine art- und tierschutzgerechte Erziehung und Ausbildung seines Deutschen Schäferhundes und seiner eigenen Sachkunde weiter fördern.

»Kampfhunde«?
Das Problem liegt am anderen Ende der Leine

Fast nahtlos fügt sich dieses andere brisante Thema an, das Politik, Gerichte, Medien, Öffentlichkeit und natürlich Hundehalter in unterschiedlicher Intensität beschäftigt. Seit vielen Jahren führen Unfälle mit Hunden zu Top-Schlagzeilen in den Zeitungen und werden teilweise in der Boulevard-Presse auch sehr reißerisch dargestellt. Der schon benannte fürchterliche Unglücksfall in Hamburg, bei dem ein sechsjähriger Junge durch einen Angriff von zwei Hunden getötet wurde, war ein besonders schlimmes Ereignis. Die Politik nahm sich blitzschnell der Thematik an und erließ spezielle Verordnungen, alle Tiere bestimmter Rassen wurden dabei zu »Kampfhunden« gemacht. Parallel wurden durch Kommunen besonders drastische »Kampfhunde-Steuern« gemäß Auflistungen vorgeblich gefährlicher Hunderassen festgesetzt. Es ist aus kynologischen und naturwissenschaftlichen Gründen nicht haltbar, sämtliche Vertreter einer Rasse als gesteigert aggressiv und gefährlich einzustufen. Zwischenfälle mit einzelnen Hunden lassen keine Generalisierung der gesamten Hunderasse zu. Uneinheitlich wurden Rasselisten – der Deutsche Schäferhund war nicht Bestandteil der Listen – in den Bundesländern, mit Ausnahme von Thüringen, eilig zusammengestellt, die Vorgehensweise schien willkürlich zu sein.

Die Stigmatisierung ganzer Populationen ist nicht fundiert und daher falsch. Viele verantwortungsvolle Hundehalter, die niemals zuvor besondere Probleme mit ihren nunmehrigen »Kampfhunden« hatten, gerieten in starke psychische Konflikte. Hundehalter wurden auf der Straße beim Spaziergang nicht selten wütend beschimpft.

Es gibt zweifellos »gefährliche Hunde«, dies aber unabhängig von der Zugehörigkeit zu einer spezielle Rasse oder auch Mischlingshunden. Das Bundesverwaltungsgericht stellte in seiner Entscheidung vom 3. Juli 2002 fest: »*Aus der Zugehörigkeit zu einer Rasse, einem Typ oder einer entsprechenden Kreuzung allein lässt sich aber nach dem Erkenntnisstand der Fachwissenschaft nicht ableiten, dass von den Hundeindividuen Gefahren ausgehen. Zwar besteht der Verdacht, dass Hunde der in Rede stehenden Rassen beziehungsweise des in Rede stehenden Typs ein genetisch bedingtes übersteigertes Aggressionsverhalten aufweisen. Es ist jedoch in der Wissenschaft umstritten, welche Bedeutungen diesem Faktor neben zahlreichen anderen Ursachen – Erziehung und Ausbildung des Hundes, Sachkunde und Eignung des Halters, sowie situativer Einflüsse – für die Auslösung aggressiven Verhaltens zukommt …*«

Sind es nicht vielmehr die Beteiligten am anderen Ende der Leine, also die jeweiligen Menschen, die Tiere für ihre Zwecke als »Waffe« oder Statussymbol in einem bestimmten sozialen Umfeld missbrauchen?

Der Verband für das Deutsche Hundewesen (VDH) beschreibt Maßnahmen zur Prävention und sieht Lösungsansätze in der konsequenten Anwendung vernünftiger Regeln, auch dem generellen Haltungsverbot bei speziellen Vorgeschichten des Halters.

Die Kontrolle von Hundezucht und -handel, eine generelle Kennzeichnungspflicht durch Tätowierung oder Mikrochip, eine generelle Hundehalter-Haftpflicht (hier könnte es ja Bonussysteme für Sachkunde und Ausbildungsüberprüfung analog spezieller Tarife in der Autoversicherung geben).

Gezielte Aus- und Weiterbildungsangebote sind weitere sinnvolle und produktive Argumente.

Unabhängig von der Rasse, den Vereinen und Verbänden erscheint unter maßgeblicher Koordinierung durch den VDH eine enge Zusammenarbeit in dieser Frage sinnvoll. Das übergreifende Zusammenwirken könnte zu einer fundierten Versachlichung der Diskussion und zur Vorbereitung von Präventionsstrategien beitragen. Die gebündelten Erfahrungen jahrzehntelanger Zucht, Ausbildung und Haltung von Hunden bildet die Basis dafür, auch den Politikern kompetente und wissenschaftlich-kynologisch gesicherte Entscheidungshilfen kooperativ anzubieten.

Ausdauersport – ja bitte!

Der Deutsche Schäferhund liebt die Aktivität in der Natur, deshalb eignet er sich auch besonders als Begleiter bei Ihren Ausdauersportarten. Ich jogge sehr gerne und genieße die langen Waldläufe mit meinen Rüden Whisky oder Dexter. Für mich ist das Laufen eine Art Meditation, bei der ich gut den Alltagsärger vergessen und abschalten kann. Natürlich nur, weil meine Hunde gut ausgebildet sind, nicht weit vorauslaufen, kein Wild verfolgen und abgesichert im Gehorsam stehen. Für mich ist es wichtig, dass meine Hunde auf Hörzeichen zu mir kommen und zwar, wenn ich sie rufe und nicht etwa nur, wenn sie vielleicht auch gerade wollen. Wie schade ist es doch, wenn Hunde wegen einer fehlenden Ausbildung nicht uneingeschränkt an Ihrem Leben teilnehmen können, wie den abendlichen Waldläufen – auch mal ohne angeleint zu sein. Ich nehme aber stets nur einen Hund abwechselnd als Begleiter mit und trage selbstverständlich auch beim Joggen immer eine Hundeleine bei mir.

Fast alle Hunde fanden auch immer Gefallen an Radtouren. Bei der Recherche zu diesem Kapitel fiel mir jedoch wieder eine besondere Ausnahme ein. Meine bereits oft erwähnte Frana hatte »null Bock« rechts neben meinem Fahrrad zu laufen. Da gab es schon lustige Anekdoten mit ihr zu diesem Thema. Eines Tages begleitete sie mich freudig und erwartungsvoll, als ich die Leine in die Hand nahm. Als ich jedoch zum Gartenhaus ging, um das Fahrrad zu holen, drehte sie kurzum ab, um über die Terrasse wieder ins Haus zu gehen und mir ihr Missfallen

Deutsche Schäferhunde schwimmen gut und gerne.

Am Fahrrad sollte der Hund rechts laufen.

damit sehr deutlich zu dokumentieren. Vielleicht wenig konsequent ging ich ins Haus, um unter dem Gelächter meiner Familie zu verkünden, dass ich auch keine Lust zum Fahrradfahren hätte und lieber mit dem Auto in den Wald fahren würde. Frana war damals schon ein älterer Hund und hatte so ihre besonderen Eigenarten ausgebildet.

Alter ist aber auch ein passendes Stichwort, das es zu beachten gilt. Gewöhnen Sie Ihren Hund schrittweise an das Fahrrad und auf keinen Fall zu früh. Warten Sie zur Schonung unter anderem der Gelenke, Bänder und Sehnen, bis die Wachstumsphasen abgeschlossen sind. Ich habe in der Regel über ein Jahr gewartet, bis ich die ersten Touren unternahm. Laut Straßenverkehrsordnung hat Ihr Hund im Straßenverkehr angeleint rechts neben dem Fahrrad zu laufen. Spezielle Anbind-Vorrichtungen am Fahrrad haben sich bewährt und sind im gut sortierten Fachhandel zu erwerben. Viele Hunde neigen dazu, anfänglich ungestüm und überhastet zu laufen, dies relativiert sich meist nach einigen Kilometern, birgt aber trotzdem auch eine Unfallgefahr. Ihr Hund könnte schon mal quer vor das Fahrrad springen oder auch plötzlich scharf bremsen, um etwas am Straßenrand zu markieren. Ihr Fahrrad sollte unbedingt mit einer Rücktrittbremse ausgestattet sein. Gewöhnen Sie Ihren Hund möglichst an ein Tempo um die 15 km/h, machen Sie mal Pausen (Wasser für den Hund nicht vergessen!) und kontrollieren Sie, dass die Pfoten nicht wund gelaufen sind. Während der Sommermonate empfehlen sich Touren nur in den frühen Morgen- oder Abendstunden, bei Temperaturen nicht über 22 Grad.

Das Mindestzulassungsalter für einen Hund bei einer geschützten Ausdauerprüfung beträgt 16 Monate, das Höchstzulassungsalter sechs Jahre. Die Hunde müssen eine Strecke von 20 Kilometern ohne außergewöhnliche Ermüdungserscheinungen meistern, wobei zwei Pausen eingelegt werden. Auch hier möchte ich Ihnen aus Sicherheitsgründen anraten, immer nur mit einem Hund pro Person zu fahren.

Deutsche Schäferhunde schwimmen gerne, ich habe meine Hunde immer sehr früh und spielerisch ans Wasser gewöhnt. Bei unseren Waldspaziergängen bin ich mit Gummistiefeln in einen flachen Teil eines Bachlaufes gegangen und habe dort mit meinem Hund gespielt. Spä-

Schwimmen – ideales Fitness-Training.

ter hatten sie sichtlich ihre Freude im nassen Element. Wenn Sie die Gelegenheit haben, schwimmen Sie ruhig mit Ihrem Hund einige Runden. Großen Spaß haben die Hunde auch daran, einen in den Teich geworfenen Ball oder Stock zu bringen. Schwimmen ist für die Muskulatur Ihres Hundes ideal und insgesamt sehr empfehlenswert. Achten Sie aber bitte vorher darauf, dass das Ufer des Gewässers nicht zu steil ist, damit Ihr Hund problemlos wieder das Trockene erreicht.

Auch wenn Sie begeisterter »Inliner« sind, begleitet Sie Ihr Vierbeiner gerne oder zieht Sie sogar manchmal. Ausdauersport macht Spaß und hält fit, ist also ein wahrer Gesundbrunnen für Sie und Ihren Hund.

Ein Hund geht auf Reisen

Ohne meinen Hund in Urlaub? Nein danke, das ist doch kein richtiger Urlaub! Diese Einstellung hatten wir lange Jahre und suchten unsere Reiseziele stets entsprechend aus. In Dänemark oder an der deutschen Nordsee, den Inseln im Herbst/Winter fanden wir unsere Domizile meist in Ferienwohnungen. Eine Reise mit dem Wohnmobil nach Norwegen (unter Beachtung der damals noch strengeren Einreisebestimmungen) war für unseren Hund nicht der große »Hit«. Er fühlte sich beim »Schaukeln« des großen Wohnmobils in den Bergkurven recht unwohl. Vielleicht werden Sie andere Erfahrungen sammeln, wenn Sie Ihren Hund schon als Welpen an diese Art von Urlaubsfahrten im Wohnmobil gewöhnen. Bei Ihrer individuellen Urlaubsplanung sollten Sie Ihre Bedürfnisse genau prüfen und dann Ihre Entscheidung treffen. Noch ist die Reisefreiheit innerhalb Europas nicht grenzenlos, vereinfachte EU-Regeln für die Mitnahme von (Tollwut-) geimpften Hunden versprechen jedoch künftig eine Vereinfachung. Genaue Vorschriften über die Einreisebestimmungen erfragen Sie beim ADAC, den Reisebüros oder den Botschaften und Konsulaten. Für uns haben

Die Strände Dänemarks sind bei Hundefreunden sehr beliebt – selten hat man bei unseren nördlichen Nachbarn Probleme, mit Hund ein Feriendomizil zu finden.

Hundepensionen gibt es überall – schauen Sie sich vorab alles schon einmal an.

mittlerweile Flugreisen in die Sonne und zu anderen Kulturen auch ihre besonderen Reize.

Falls Sie keine geeignete familiäre Unterbringungslösung finden, gibt es auch ein breites Angebot an Hundepensionen. Schauen Sie sich das »Hundehotel« vorher in aller Ruhe an und erkundigen Sie sich genau nach Unterbringung, Freilauf und Pflege der Tiere. Wohnt jemand in oder neben der Einrichtung, damit im Bedarfsfall sofort reagiert werden kann? Gibt es vielleicht ein spezielles Programm für »Spaziergänge« mit Ihrem Hund und eine tierärztliche Rufbereitschaft? Können Sie Ihren Vierbeiner auch am Sonntag wieder abholen? Die Unterbringung ist Vertrauenssache. Wir haben eine sehr gute Hundepension eines engagierten Hundesportlers ganz in unserer Nähe gefunden. Ein Team von Tierpflegerinnen kümmert sich hier sehr gezielt um die Hunde. Manchmal haben wir »Gewissensbisse« bei der Abgabe, unsere Hunde kennen die Einrichtung jedoch gut und fühlen sich recht wohl dort. Ein Pensionsplatz kostet regional unterschiedlich um die 11,– EUR (in der Schweiz muss mit ca. sFr 25,– bis 35,– pro Tag gerechnet werden). Natürlich ist die Freude auf beiden Seiten groß, wenn die Hunde wieder abgeholt werden.

Häufig nehme ich auf Kurzreisen zu SV-Veranstaltungen innerhalb Deutschlands einen meiner Hunde mit. Ich habe bisher auch in sehr guten Hotels (kleiner Aufpreis) nach vorheriger Absprache niemals Probleme bekommen, einen Deutschen Schäferhund mitzubringen. Da wir Freunde eines Zusammenlebens im Haus sind, gab es auch keinerlei Anpassungsschwierigkeiten. Oft waren andere Gäste von der Erscheinung des Hundes und seiner Sicherheit im Alltagsleben, egal ob im Treppenhaus oder Fahrstuhl, begeistert und erzählten gerne eine Geschichte über ihren eigenen Hund.

Starkes Team mit Zukunft – Kinder mit Hund

Kinder und der Deutsche Schäferhund haben fast immer und spontan ein besonderes »Freundschaftsverhältnis« zueinander. Ihr Hund, insbesondere wenn er schon seit dem Welpenalter mit Ihnen zusammenlebt, übernimmt auch instinktiv eine Art Beschützerfunktion. Auch langfristig erscheint es mir vorteilhaft, wenn Kinder mit Tieren (es muss ja nicht ausschließlich ein Deutscher Schäferhund sein) aufwachsen. Die Kinder erleben eine positive Prägung und können sich ihr gesamtes Leben an den ersten Hund erinnern. Ein Tier kann auch helfen, bei Kindern und Jugendlichen Verantwortungs- und Pflichtbewusstsein, Toleranz, Ordnung und Zuverlässigkeit positiv und nachvollziehbar zu entwickeln. Natürlich behalten wir Eltern die Hauptverantwortung für die Erziehung sowohl unserer Kinder als auch unserer Hunde. Der Hund

Dicke Freunde fürs Leben …

… trotzdem sollte man Hunde und Kinder nicht unbeaufsichtigt zusammen lassen.

kann kein »Therapiehund« bei einer fehlenden Kindererziehung oder zerrütteten Familie sein. Ganz im Gegenteil, Ihr Hund benötigt zum Ausleben seiner Qualitäten die Grundharmonie der Familie. Wir haben immer darauf Wert gelegt, den Kindern zu vermitteln, dass der Hund nicht ein lebendes Spielzeug, sondern ein Teil der Schöpfung ist und Respekt verdient.

Auch wenn sich Kinder hervorragend mit dem Hund verstehen, sollten sie nicht unbeaufsichtigt beim gemeinsamen Spielen bleiben. Auch sollten Kinder nicht alleine mit Ihrem Hund »Gassi gehen«. Führen Sie die Kinder lieber langsam an solche Aufgaben heran, indem Sie beim gemeinsamen Spaziergang beaufsichtigt Ihrem Kind die Leine in die Hand geben. Ihr Kind wird stolz sein und sein Selbstbewusstsein wird wachsen. Haben Sie keine Angst vor der Hygiene, die wir heute durch Dutzende Putz- und Desinfektionsmittel im Haushalt ohnehin hochstilisieren. Bei einem gut gepflegten Deutschen Schäferhund, mit dem Sie in häuslicher Gemeinschaft leben, wird es auch kein Problem sein, falls sich Ihr Kind mal mit dem Hund das Leberwurstbrot teilen sollte.

Aber vielleicht ist es besser, die Experten zu diesem Thema zu Wort kommen zu lassen. Ich bat deshalb unsere beiden Töchter, etwas aus ihrem Erleben als Kinder für dieses Buch zu schreiben. Aber lesen Sie selbst, was zunächst Carola und anschließend Anna-Lena zu erzählen haben:

»Für mich stand fest, als mich mein Vater fragte: Wenn ich etwas zu diesem Buch beitrage, dann wird es über Frana sein. Da sie für uns alle besonders wichtig war, haben Sie sicherlich schon etwas von ihr gelesen. Frana gehörte damals schon zur Familie, als ich das Glück hatte, von meinen Pflegeeltern aufgenommen zu werden. Allerdings war sie, genau wie ich, damals noch sehr jung. Ich hatte vorher keinerlei Beziehungen zu Hunden allgemein; oftmals hatte ich sogar irgendwie Angst vor großen Hunden. Bei Frana war das von vornherein anders – unsere Schäferhündin akzeptierte mich spontan als neues Familienmitglied. Fortan gehörte ich zu ihrem Rudel und zu den Personen, bei denen ihre Rute freudig und laut gegen den großen Wandspiegel in unserem engen Flur schlug, wenn ich nach Hause kam. Sie war immer gut drauf und

Ihren ersten Hund vergessen Kinder niemals.

Zu meinen besonderen Erinnerungen an Frana gehört auch eine für mich schlaflose Silvesternacht. Ich ging aus gesundheitlichen Gründen weit vor Mitternacht von einer Fête nach Hause. Müde und kränklich lag ich im Bett, als es draußen immer mehr böllerte und die Raketen um unser Haus schossen. Das kam Frana auch irgendwie komisch vor, und sie entschloss sich, in mein Bett zu springen. Anfangs war es ja auch recht kuschelig, nur Frana fühlte sich anscheinend immer wohler und wohler. Schließlich beanspruchte sie fast 90 % meines Bettes, mir blieb nur das Kopfkissen ganz für mich. Am Neujahrsmorgen war Frana tipptopp ausgeschlafen und ich »hundemüde«.

Eine weitere Bereicherung für mich war, dass ich miterleben durfte, als Frana Welpen bekam. Schon ein, zwei Tage vor der Geburt der Welpen bemerkten wir, dass Frana immer öfter in den Keller ging. Dort hatten wir eine geräumige Wurfkiste aufgebaut. Als es dann soweit war, hatte Frana nichts dagegen, dass ich bei der Geburt einiger Welpen dabei war. Sie ließ mich ihre Kinder streicheln und auch auf den Arm nehmen. Ich war ganz beeindruckt, ich glaube, dass dies ein besonderer Vertrauensbeweis ihrerseits war.

Ich könnte noch so manches über sie auf das Papier bringen, aber das Buch heißt ja nicht Frana, obwohl sie es verdient hätte. Für mich jedenfalls steht fest, dass sie einen Platz in meinem Herzen behält und ich würde mir wünschen, dass meine kleine Tochter einmal das Glück hat, zu einem so tollen Hund eine solche Beziehung aufbauen zu

freute sich. Wir hatten ein sehr gutes Verhältnis, oft lag sie unter meinem Schreibtisch, während ich Hausaufgaben machte. Sie fühlte sich sehr wohl. Mir war aber auch wohler, wenn es klingelte und sie mich zur Haustür begleitete, wenn niemand anders im Haus war. Ich hatte dann immer ein Gefühl der Sicherheit. Sie machte besonders Fremden gegenüber klar, dass sie es nicht zulassen würde, dass mir etwas passierte.

können. Vielleicht ist ja dafür schon der Grundstein gelegt, war doch ihr erstes Stofftier ein Deutscher Schäferhund.«

Auch Anna-Lena hat so ihre eigenen Erlebnisse gehabt:

»Als kleines Mädchen bin ich schon immer mit Haustieren aufgewachsen. Ich wuchs mit Vögeln, Nagetieren, Katzen und Hunden auf. Aufgrund besonderer Lebensumstände kam ich mit zehn Jahren ins Kinderheim, welches ich ein Jahr später verließ, um zu meiner neuen Pflegefamilie nach Melle zu ziehen. Ich freute mich besonders, weil meine Pflegeltern Deutsche Schäferhunde besaßen.

Mit elf Jahren lernte ich also Frana kennen. Eine große Hündin mit schönen Farben und einem freundlichen Wesen. Sie bellte nicht, als ich zum ersten Mal das Haus betrat. Sie wedelte erfreut mit der Rute, so dass ich keine Angst zu haben brauchte.

Zugleich war da noch der kleine Welpe Aseka.

Ich war immer sehr stolz, meinen Freunden von den süßen Tieren zu erzählen. Sie haben mir den Umzug sehr erleichtert. Ich habe mit ihnen geschmust, wenn es mir nicht gut ging. Besonders Frana war solch eine anschmiegsame Hündin. Ich erinnere mich noch oft daran, wie sie früher im Wohnzimmer vor der Terrassentür zum Garten lag und stundenlang aufmerksam hinausschaute. Häufig legte ich mich dazu, blickte mit ihr zum Garten, streichelte sie und sprach mit ihr. Dabei schien sie sehr glücklich zu sein. Wenn Hunde so etwas fühlen können, dann fühlte sie sich sehr wohl bei uns. Das machte es mir leichter, mich in mein neues Zuhause zu integrieren.

Zwei Monate nach meinem Einzug kam Amos zur Welt. Er ist Franas Enkel, und ich lernte ihn schon kurz nach seiner Geburt kennen, als er mit geschlossenen Augen zu seiner Mutter Momo kroch, um ihre Muttermilch zu trinken. Ich hatte zuvor noch nie so kleine Hundebabys gesehen, war unsicher, aber auch glücklich, dass ich solch ein Ereignis miterleben durfte.

Amos war noch ein kleiner Welpe, als unsere Aseka nach einem Unfall mit einem knappen Jahr eingeschläfert werden musste. Weinend lag ich im Bett, ich verstand das nicht. Meine Pflegemutter setzte sich zu mir und tröstete mich. Sie warf einen Blick auf den kleinen Amos, der neugierig in meinem Zimmer umher tapste. ›Amos ist doch auch für dich da!‹ Und es stimmte. Von dem Tag an war Amos wirklich mein Schatz.

Jeder Mensch macht seine eigenen Erfahrungen mit Haustieren und man erlebt im Laufe seines Lebens viele unterschiedliche Tiere. Doch nur wenigen schenkt man wirklich seine ganze Liebe.

Auch bei uns zu Hause kamen und gingen einige Schäferhunde, und an alle hege ich schöne, lustige oder traurige Gedanken. Doch Amos war der Hund, mit dem ich in Melle groß geworden bin.

Mit ihm habe ich geschmust, gebalgt, gesungen, getanzt und mich einfach gefreut, wenn er da war. Ich habe diesen großen Rüden wirklich sehr lieb gehabt. Ich konnte ihm vertrauen und brauchte keine Angst vor ihm zu haben, auch nicht bei seinem ihm eigenen tiefen Brummen beim Kraulen.

Als junges Mädchen lässt man sich für seinen Lieblingshund eine Menge einfallen. So dachte ich mir beispielsweise das ›Hunde-Vaterunser‹ aus. Ich hielt seine Pfoten und betete für ihn. Es schien ihm zu gefallen.

Amos zog später zu Freunden meiner Eltern, dort ist er der einzige Hund im Haus und wird ziemlich verwöhnt. Ich war damals doch sehr traurig. Nun sehe ich ihn nicht oft, weil er in Berlin lebt. Aber er ist immer in meinem Herzen, weil er mir viel bedeutet. Er war immer für mich da. Ihm konnte ich alles erzählen und er hörte zu. Das ist wohl das Größte an Hunden. Sie verstehen uns. Sie spüren, wenn es uns nicht gut geht. Dann kommen sie ganz leise und zaghaft herangeschlichen und schauen uns zuversichtlich an. In solchen Momenten muss ich einfach wieder lächeln. Ich fühlte mich dann auch immer sicher und nie alleine.

Wir erzählen uns heute noch nach sieben Jahren in der Familie die Geschichte um Dexters Einzug. Mein Pflegevater kam eines Tages mit dem süßen Welpen nach

Hause. Er sagte, Dexters Zwinger beim Züchter würde umgebaut und Dex Dexter sollte doch auch mal erfahren, wie es ist, im Haus zu leben. Uns gegenüber betonte er, dass er nur ein oder zwei Nächte bleiben sollte. Es hat einige Zeit gedauert, bis ich Dexi wirklich in mein Herz geschlossen hatte. Unseren anderen Rüden Eik hatte ich von Anfang an gern. Er ist einfach ein einzigartiger Kumpel. Solch einen liebevollen, witzigen und ›charmanten‹ Hund habe ich bisher noch nie erlebt. Er ist ein gutmütiger Schäferhund, der Besucher auch mal freudig zur Begrüßung anspringt. Er hat auch seine Schutzhundprüfung 3 mehrfach bestanden, besitzt vielleicht aber noch mehr artistische Qualitäten. Er springt aus dem Stand einen Meter hoch und dreht sich elegant dabei.
Ich mag unsere Deutschen Schäferhunde sehr, die einen schon mit ihren Blicken verzaubern können. Und das können alle drei Hunde jeden Tag aufs Neue. Ich bin froh, mit ihnen unter einem Dach leben zu dürfen, weil sie einfach gute Freunde für mich geworden sind«.

Es mag durchaus sein, dass diese Erlebnisse nicht symptomatisch auf alle Kinder übertragen werden können. Für unsere Töchter jedenfalls, die als Pflegekinder in unsere Familie kamen, hatten unsere Hunde unbestritten eine ganz wesentliche positive Funktion.
Außer dem zuvor beschriebenen pädagogischen Nutzen, erfüllen Hunde oft auch ganz »nebenbei« andere, teilweise sozialtherapeutische Funktionen. Unsere leistungsorientierte und auf Technik ausgerichtete Welt führt bei vielen Menschen zu einem Verlust an Beziehungsfähigkeit, ja an Werten und Lebenssinn. Nicht wenige empfinden eine tiefe Einsamkeit. Deshalb wird der »Therapiehund« in Zukunft eher noch an Bedeutung gewinnen. Aus meiner beruflichen Ausbildung weiß ich, welche positiven Ergebnisse durch das sozialtherapeutische Voltigieren mit Pferden in der Jugend- oder auch Behindertenarbeit erzielt wurden. Der Deutsche Schäferhund eignet sich ebenfalls aufgrund seiner Wesensqualität grundsätzlich sehr gut, als Freund und Wegbegleiter ein hervorragender Assistenzhund und Partner bei physischen oder auch psychischen Handicaps zum Wohle des Menschen zu sein.

Wie bekommt eigentlich mein Hund seinen Namen?

Jeder Deutsche Schäferhund mit SV-Papieren bringt seinen Zwingernamen, also sagen wir mal seinen Nachnamen, mit. Es gibt jeden Zwingernamen auch nur ein einziges Mal. Oft deuten sie an, wo der Züchter lebt oder aus welcher Stadt er stammt. Manchmal werden auch besondere regionale Bezüge in den Namen integriert. Bei vielen Zwingernamen stand auch der Name des Züchters Pate, also vielleicht »vom Haus …«.

Trächtige Hündin: Unsere Frana kurz vor der Geburt des H-Wurfes.

Der Rassebegründer Max von Stephanitz war auch hier ein Pionier, erinnern Sie sich noch an die ersten Seiten dieses Buches? Aus seinem Rüden Hektor Linksrhein wurde Horand von Grafrath, benannt nach dem oberbayrischen Wohnort von Stephanitz.

Der Zwingername ist also vom Züchter abhängig, bei dem der jeweilige Wurf fällt. Der Rufname des Welpen richtet sich dann danach, im wievielten Wurf dieses Zwingers der Welpe geboren wurde. Richtschnur für die Namensgebung ist dann unser Alphabet von A–Z (1–26). Beim achten Wurf eines Zwingers beginnen also Namen mit einem H. Wohlgemerkt, diese Regelung sagt also nicht aus, dass der achte Wurf der Zuchtstätte auch der achte Wurf einer Mutterhündin ist. Das Zuchtgeschehen eines Züchters basiert bei regelmäßigen Würfen im Laufe der Zeit wohl immer auf mehreren Hündinnen. Hat ein Züchter das Alphabet einmal durchgezüchtet, beginnt er wieder mit dem Buchstaben A. Haben Sie rechtzeitig vor dem Tätowieren (hier werden die Hundenamen endgültig festgelegt) Kontakt zum Züchter, können Sie sich den Namen sicherlich nach Ihrem Geschmack aussuchen. Ob Sie Ihren Hund ansonsten anders rufen, als es in den Papieren steht, bleibt Ihrem Belieben ohnehin freigestellt. Mein Rüde Dexter heißt laut Papier Derb. Ich habe den Namen auch für das tägliche Leben variiert.

Jäger und Hunde: Da gibt es schon mal »Stress«

Bei Ihren Spaziergängen mit dem Hund, der Ausbildung zum Schutzhund oder vielleicht beim Training auf einer Wiese werden Sie ganz sicher irgendwann auf einen Jäger treffen. Normalerweise doch kein Grund für Konflikte, sollte man denken, sind doch beide Parteien selber Hundeführer und haben Kenntnisse über Haltung und Ausbildung der Tiere. Aber die Realität sieht oft anders aus, aggressiv geführte Diskussionen und gegenseitige Vorhaltungen bestimmen die Begegnung. Durch zunehmende Bebauung und landwirtschaftliche Nutzflächen gibt es immer weniger begehbare Naturfläche. Das Freizeitverhalten in Feld, Wald und Wiesen bringt zusätzlich u. a. durch Jogger, Reiter und Mountainbiker eine größere Mobilität und damit Unruhe in das Revier. Manche Jäger sprechen sich für einen generellen Leinenzwang für Hunde aus, glauben sie doch, alle Hunde wildern oder hetzen Wild.

Die Zuchtselektion der Jagdhunde verfolgt aber andere Ziele als z. B. die eines Deutschen Schäferhundes. Jagdlich ausgebildete und von Jägern geführte Hunde sollen Wild aufstöbern und apportieren. Dies wird einem Deutschen Schäferhund eben nicht beigebracht. Würde ein Hund in der Schutzhundprüfung während der Fährtenarbeit auf einem Acker oder einer Wiese aufspringendes Wild verfolgen und nicht im Gehorsam stehen, würde er die Prüfung nicht bestehen. Selbst im unmittelbaren Sichtkontakt ist weglaufendes Wild für meine Hunde kein auslösender Impuls für den Beutetrieb. Sie toben und kämpfen lieber mit mir um ihren Stock. Ein genereller Leinenzwang ist aber nicht mit dem bestehenden Recht konform.

Die jeweiligen Gesetze der Bundesländer regeln das Verhalten in der freien Natur. Der § 33,1 des Niedersächsischen Gesetzes über den Wald und die Landschaftsordnung (NWaldLG) nennt hier Pflichten zum Schutz vor Schäden:

»In der freien Natur ist jede Person verpflichtet, 1. dafür zu sorgen, dass ihrer Aufsicht unterstehende Hunde

a) nicht streunen oder wildern
b) in der Zeit vom 1. April bis zum 15. Juli (allgemeine Brut-, Setz- und Aufzuchtszeit) an der Leine geführt werden, es sei denn, dass sie zur rechtmäßigen Jagdausübung, als Rettungshund oder von der Polizei, dem Bundesgrenzschutz oder dem Zoll eingesetzt werden.«

Erkundigen Sie sich, ob die regionalen Feld- und Forstordnungsbehörden zusätzliche oder vielleicht auch nur lokal geltende Verordnungen bestimmt haben. Ein genereller Leinenzwang für Hunde wäre nicht artgerecht und Tierquälerei.

Grundsätzlich darf jeder Mensch die freie Landschaft betreten und sich dort erholen. Nun ist Rücksichtnahme und Verständnis natürlich nicht nur einseitig zu sehen. Leider gibt es auch immer wieder Hundehalter, die ihre Hunde unbeaufsichtigt durch ein Revier laufen lassen. Sie finden es teilweise auch richtig, dass sich der Vierbeiner nach Herzenslust austobt und auch mal Wild verfolgt. »Der will ja nur spielen und ist sowieso langsamer als das Wild.« Diese Hundehalter bedenken nicht, dass trächtiges Wild und auch die jungen Tiere langsamer sind und Ruhe und Schutz benötigen. Manchmal können Tiere auch wegen Einzäunungen nicht flüchten oder laufen in Panik auf die Straße und stellen eine große Gefahr für Autofahrer dar.

Sie lieben Ihren Hund, seien Sie auch genauso tierlieb zum Wild in den Wäldern, Wiesen und Feldern. Lassen Sie Ihren Hund nicht unbeaufsichtigt im Unterholz herumlaufen und unterbinden Sie sofort konsequent die Ansätze, Wild zu verfolgen.

Eine Ausbildung ist notwendig, dann bringt auch der Waldspaziergang Erholung und ist »stressfrei«. Es ist ein gutes Gefühl, wenn der Hund im Gehorsam steht, das wird dann auch jeder vernünftige Jäger anerkennend kommentieren. Ich selber hatte bisher keine Probleme mit den »Grünröcken«, sahen sie doch den Ausbildungsstand meiner Hunde. Beim »Miteinanderreden« statt »Aufeinanderschimpfen« lässt sich die Natur sowohl für Jäger und Hundehalter besser genießen. Wissen um die jeweils andere Seite schafft Vertrauen und Toleranz. Kooperation ist hier allemal besser als Konfrontation.

Die Hauptgeschäftsstelle des Vereins für Deutsche Schäferhunde in Augsburg.

Der Verein für Deutsche Schäferhunde

Die Geschichte dieser international auf allen Kontinenten beliebten Gebrauchshundrasse ist untrennbar mit dem Verein für Deutsche Schäferhunde verbunden. Als größter Rassehundzuchtverein der Welt ist er die erste Adresse für alle Fragen rund um den Deutschen Schäferhund. Der Verein für Deutsche Schäferhunde ist Mitglied im VDH (Verband für das Deutsche Hundewesen), der FCI (Fédération Cynologique Internationale) und der WUSV (Weltunion der Vereine für Deutsche Schäferhunde).

Der Hauptsitz des Vereins befindet sich in Augsburg. In einer modernen und aufgrund des hohen Qualitätsstandards ISO-zertifizierten Hauptgeschäftsstelle arbeiten ca. 55 Mitarbeiter, um den Mitgliedern als Dienstleistungszentrum zur Verfügung zu stehen.

Jährlich werden dort über 300.000 Postsendungen und eine stetig wachsende Anzahl E-Mails bearbeitet. Auf den Internetseiten *(www.schaeferhund.de)* des Vereins werden weltweit Informationen stark abgefragt, pro Monat sind inzwischen über zwei Millionen »Hits« zu verzeichnen. Auch im angegliederten SV-Shop kann man per Internet Artikel aus dem Sortiment der Hundewelt erwerben. Knapp 80.000 Mitglieder gehören dem Verein in Deutschland an, davon sind inzwischen 36 % Frauen. Über 2000 Ortsgruppen, verteilt auf 19 Landesgruppen

stehen flächendeckend Interessierten mit ihren Angeboten und Übungsplätzen zur Verfügung. Im Laufe der letzten Jahre wurden annähernd 5000 ehrenamtliche Frauen und Männer zu Übungsleitern ausgebildet.
Der Mitgliedsbeitrag zum Hauptverein beträgt zurzeit 47,– EUR pro Jahr, inklusiv der monatlichen SV-Zeitung mit vielen wissenswerten Informationen. Familienmitglieder und Jugendliche haben reduzierte Beitragssätze. Zusätzlich ist man in der Regel dann noch Mitglied einer Ortsgruppe, in der man dann auch mehrmals pro Woche mit seinem Hund trainieren kann.
Der Verein für Deutsche Schäferhunde führt sowohl auf regionaler Ebene, aber auch auf Landes- und Bundesebene Veranstaltungen durch, die die Vielseitigkeit und Leistungsfähigkeit der Hunde eindrucksvoll belegen.
Besondere Höhepunkte sind die jährliche SV-Bundessiegerzuchtschau oder die SV-Bundessiegerprüfung mit Agility-Wettbewerb. In großen Fußballstadien, oft der ersten oder zweiten Bundesliga, verfolgen bis zu 40.000 Zuschauer solche Events mit reichhaltigem Rahmenprogramm am Veranstaltungswochenende. Die dort vorgestellten Hunde sind die besten Vertreter der Rasse und haben sich im Vorfeld besonders platziert oder auch qualifiziert.
Neben den traditionellen Angeboten eines Hundevereins, steht der Verein für Deutsche Schäferhunde auch neuen Betätigungsfeldern für Hundesportler aufgeschlossen gegenüber. Auf jeden Fall lohnt sich einmal ein Besuch einer Veranstaltung und einer SV-Ortsgruppe.

Der **Schweizer Schäferhund Club (SC)** hat etwa 5500 Mitglieder und ist mit ca. 75 Ortsgruppen über die Kantone verteilt. Besuchen Sie doch einfach einmal den Internetauftritt *(www.schaeferhund.ch),* um sich über das aktuelle Vereinsangebot zu informieren.

Auch der **Österreichische Verein für Deutsche Schäferhunde (SVÖ)** verfügt über eine gelungene Internetpräsentation *(www.schaeferhund.at)*. Dort finden Sie zum Beispiel unter anderem ein offizielles Adressbuch und das SVÖ-Leitbild. In zurzeit 152 Ortsgruppen sind in Österreich gut 8000 Mitglieder aktiv. Selbstverständlich finden Sie jeweils auch die nationalen Bestimmungen für den Zucht- und Leistungssportbereich.

Der SV-Shop bietet viele Artikel »rund um den Hund« an.

Hattrick: Die deutsche Mannschaft wird 2003 zum dritten Mal in Folge Mannschaftsweltmeister.

Im Zeitalter der Globalisierung – die Weltunion der Schäferhundvereine (WUSV)

Als Rittmeister Max von Stephanitz vor nunmehr über 100 Jahren damit begann, den Deutschen Schäferhund planmäßig zu züchten, konnte er nicht ahnen, welche einzigartige Erfolgsstory »Made in Germany« dieser universelle Gebrauchshund weltweit werden würde. Schon Anfang des letzten Jahrhunderts fanden die Hunde international ihre Liebhaber. Im Jahre 1902 wurde in der Schweiz der Schweizerische Schäferhundclub gegründet, unser Nachbarland Österreich folgte dann im Jahre 1912 mit einem eigenen Verein.

Seine Vielseitigkeit, Ästhetik und Treue verliehen dem Deutschen Schäferhund auf der ganzen Welt Anerkennung und machten ihn weltweit zum geschätzten Gebrauchshund, der zum Wohle und zur Freude des Menschen lebt und eingesetzt wird.

Im Jahre 1968 kam es zur Gründung der Europa-Union der Schäferhundvereine, der damaligen EUSV. Aber längst hatte diese Hunderasse mit dem ihr eigenen Temperament auch auf anderen Kontinenten Fuß gefasst. Viele Hunde wurden zunächst in Deutschland gekauft, aber auch in anderen Ländern gezüchtet. So dauerte es schließlich auch nur wenige Jahre bis im Jahre 1974 aus der Europa-Union die Weltunion der Schäferhundevereine (WUSV) wurde. In Afrika, Asien, Australien, Europa und Nord- und Südamerika gehören viele hunderttausend Mitglieder den weit über 70 Mitgliedsvereinen an.

Die WUSV-Weltmeisterschaft 2004 findet in den Niederlanden statt.

Der ideale Gebrauchshund – auch als Kletterer begabt.

Damit hat der Deutsche Schäferhund eine breite internationale Lobby und wirkt über alle sprachlichen, kulturellen und politischen Grenzen hinweg völkerverständigend. Die internationale Zusammenarbeit fördert den einheitlichen Rassestandard, die Zucht, die Leistungsfähigkeit, die Gesundheit und die Vitalität der Rasse. Diese weltweite »Diskussions- und Informationsbörse« setzt zudem immer wieder auf ihren Tagungen und Kongressen wichtige kynologische Diskussionsimpulse für die Förderung und rassetypische Ausprägung ihrer multifunktionellen Gebrauchshundeigenschaften. Der Geschäftsführer der WUSV ist seit über einem Vierteljahrhundert der international sehr renommierte Hauptgeschäftsführer des Vereins für Deutsche Schäferhunde, Clemens Lux. Der Sitz der WUSV ist unter dem Dach des SV in Augsburg.

Ein besonderes sportliches Highlight ist die WUSV-Weltmeisterschaft, die erstmals im Jahre 1988 im Mutterland der Rasse in Münster stattfand. Erster Einzelweltmeister wurde übrigens der Belgier Emiel Dilen mit »Hassan v. Haus Moons«, den Mannschaftsweltmeistertitel errang damals die Bundesrepublik Deutschland.

Aus der ganzen Welt kommend ermitteln die Hundesportler jährlich ihre Einzel- und Mannschaftsweltmeister im Rahmen einer Schutzhundprüfung. Ein ganz besonderes Flair umrahmt diese Weltmeisterschaften (Austragungsländer: 2004 Eindhoven/Niederlande, 2005 Frankreich, 2006 Dänemark, 2007 Slowakische Republik, 2008 Griechenland, 2009 Vereinigte Staaten von Amerika, 2010 Spanien, 2011 Ukraine, 2012 Österreich, 2013 Vereinigte Staaten von Amerika und 2014 Argentinien) und belegt eindrucksvoll die Faszination des Deutschen Schäferhundes auf allen Kontinenten.

Der Deutsche Schäferhund ist ein Multitalent

»Das wichtigste Zimmer im Leben lässt sich weder verleugnen noch vertuschen – die Kinderstube« (Oliver Hassencamp, 1921–1987, dt. Schriftsteller und Kabarettist)

Ihr Hund wird sich auch aufgrund seiner positiven und die Selbstsicherheit fördernden Erlebnisse in seiner »Kinderstube« zu einem treuen, wesensfesten Freund und Begleiter entwickeln. Ihr Rüde oder Ihre Hündin ist in Anlehnung an eine Vielseitigkeitsdisziplin aus der Leichtathletik ein besonders hoch talentierter »Zehnkämpfer«.
Obwohl meine Hundeliebe ganz dem Deutschen Schäferhund gehört, mag ich auch sehr gerne andere Hunderassen. Viele haben zum Beispiel aufgrund ihrer Größe und Genetik auch gewisse Leistungsvorteile gegenüber dem Deutschen Schäferhund. Aber unter den Zehnkämpfern ist er für mich der absolute König. Es gilt, sein besonderes Talent und seine individuellen Vorzüge zu fördern und vielleicht dann mit Harmonie, Ausstrahlung und Dynamik auf Veranstaltungen und Wettbewerben zu präsentieren. Neben den schon beschriebenen Breiten- und »Fun«-Sportbereichen, finden Sie vielfältige Betätigungsfelder, die seiner Intelligenz und Triebveranlagung besonders Rechnung tragen.
Als Gebrauchshund sind Lernen, Arbeiten und Bewegung seine speziellen »Glückshormone«. Leistungsveranlagungen und Anatomie sind für eine Zuchtselektion von besonderer Bedeutung.
Von der ursprünglichsten Aufgabe des Hundes, der Arbeit an der Schafherde bis zu den aktuellen Entwicklungen im Hundesport, wie dem »Obedience«, können Sie hier den Bereich finden, der Ihnen und Ihrem Hund als Team besonders Freude macht.
Aber vielleicht noch ein Tipp, dem ich selber lange Zeit zu wenig Beachtung geschenkt habe. Erst seit ich als Hobbysportler regelmäßig jogge, achte ich darauf, meine

Hundegitter garantieren einen sicheren Transport im Auto.

Muskulatur vor dem Laufen gezielt aufzuwärmen und zu dehnen. Es gibt spezielle Übungen, um »anzuschwitzen« und auf die richtige Betriebstemperatur zu gelangen. Der Körper wird dadurch auf die Leistungsabfrage vorbereitet und die Energiezufuhr erhöht. Gleichzeitig werden auch die Sehnen und Bänder elastischer, ein riesiges Plus, um Verletzungen und deren Folgen zu vermeiden.
Die Erkenntnisse müssen wir auch für den Hundesport umsetzen. Für Reiter ist es selbstverständlich, ihre Pferde auf dem Abreitplatz warm zu reiten. Beginnen Sie also möglichst kein Training mit einem »Kaltstart«, indem Sie Ihren Hund aus dem Auto oder dem Anhänger holen und gleich »zur Sache« gehen. Ein leichter Galopplauf, Slalom durch die Beine des Hundeführers, leichte Sprünge und das Spielen mit Ball oder Beißwurst bringen Ihren Hund nach dosierten etwa zehn Minuten auf Temperatur, bereits zwei Minuten später können Sie mit dem gezielten individuellen Training beginnen.
Eine Vorbereitung nach sportmedizinischen Gesichtspunkten hilft, viele kleinere und dadurch bedingt später

auch größere orthopädische oder muskuläre Probleme zu vermeiden. Ihr Hund bleibt länger fit, das Leistungspotenzial kann erweitert und optimaler abgerufen werden. Denken Sie bitte auch nach der Arbeit an ein langsames »Abkühlen« und bewegen Sie Ihren Hund noch einige Minuten, bevor er wieder in den Anhänger oder die Autobox kommt.
Moderne Thermohundeanhänger sind häufig schon mit Ventilatoren ausgestattet. Stellen Sie dem Hund anschließend ausreichend Wasser zur Verfügung und sorgen Sie für Frischluft.

Leistung mit Tradition: Hirte, Deutscher Schäferhund und Herde

»Für das Können gibt es nur einen Beweis, das Tun.« (Marie von Ebner-Eschenbach, 1830–1916, österreichische Erzählerin)

Der Deutsche Schäferhund gehört nach der FCI-Klassifikation zur Gruppe 1, Hütehunde und Treibhunde, Sektion 1 – Schäferhunde mit Arbeitsprüfung.
Die traditionelle und ursprünglichste Arbeitsleistung dieses vielseitigen Gebrauchshundes ist der Einsatz als Hütehund an der Schafherde. Als Herdengebrauchshund hat er einen besonderen Charakter, er soll jederzeit freudige Einsatzbereitschaft zeigen und schnell im Einsatz als »vierbeiniger Berufskollege« des Schäfers sein. Diese Arbeiten müssen sicher und zuverlässig bei jeder Witterung erfüllt werden.
Seit der Gründung des Vereins für Deutsche Schäferhunde besteht ein enges Band zu dieser Berufsgruppe. Auf verschiedenen Ebenen werden jährlich so genannte SV-Leistungshüten durchgeführt. Die Teilnehmer sind meist aktive Schäfer, die dort die besten Herdengebrauchshunde (HGH) der Saison ermitteln. Das Leistungshüten bildet einen realistischen Querschnitt der täg-

Geschafft: Die Herde ist am Ziel.

lichen Arbeit des Schäfers. Die Wanderschäferei ist dabei kein nostalgisches Relikt einer vergangenen Zeit, sondern erfüllt neben dem wirtschaftlichen Aspekt auch heute noch sehr wichtige Pflegeaufgaben für eine intakte Umwelt und Offenhaltung einer abwechslungsreichen Landschaft. Allein in Bayern gibt es etwa 350 Berufsschäfer. Jährlich werden dort 10–15 Schäfer neu ausgebildet. In Deutschland gibt es zurzeit ca. 2,8 Millionen Schafe (1,6 Millionen Mutterschafe) – allerdings zu wenig, um eine Selbstversorgungsrate zu erreichen. Wegen der relativ geringen Haltungs- und Fütterungsansprüche gehören Schafe zu den anpassungsfähigsten Haustieren in unseren Breiten.

Die Arbeit des Schäfers mit Herde und Hund muss von Übersicht und Ruhe getragen sein. Seine Sicherheit und Souveränität soll er auf alle Tiere übertragen. Der Schäferhund muss einen wesensfesten Charakter, Arbeitsbereitschaft und freudige und lebhafte Einsatzbereitschaft zeigen. Der Herdengebrauchshund muss Selbstständigkeit beweisen, immer an den strategisch wichtigen Stellen beim Hüten sein und Übergriffe der Schafe auf nicht zum Weiden freigegebenes Gelände verhindern.

Das Hüten geschieht nach den Hütebestimmungen in der Regel mit einem Haupt- und einem Begleithund. Mit Zuruf, Geste und Pfiff dirigiert der Schäfer seine Hunde, für eine normale Arbeit an der Herde ist dabei eine Ausbildungszeit von einem Jahr und bei Spitzenleistungen ein entsprechend längerer Zeitraum notwendig.

Bei einem Leistungshüten kann man sich als Zuschauer direkt und nah einen guten Eindruck von der Arbeitsleistung der Deutschen Schäferhunde, z. B. beim Auspferchen, Verhalten im engen oder weiten Gehüt, beim Treiben über eine Brücke und von der Selbstständigkeit machen. Im eingespielten Team gilt es ebenso Verkehrsprobleme bei der Begegnung mit einem PKW zu bewältigen. Und auch das müssen Hütegebrauchshunde beherrschen: den Griff. Schließlich soll die Herde Respekt vor dem vierbeinigen Kollegen des Schäfers haben. Schnell, sicher und kurzzeitig soll der Griff erfolgen, wobei keine Verletzungen entstehen dürfen, die auch einen wirtschaftlichen Schaden für den Schäfer bedeuten würden. Lämmer sind mit besonderer Vorsicht vom Hund zu behandeln.

Nach dem ca. einstündigen Hütevorgang des Teilnehmers mit seinem Deutschen Schäferhund erfolgt dann nach einer kurzen Hütebesprechung der amtierenden Richter die Bewertung (z. B. bei bestandener Arbeit »vorzüglich«, »sehr gut«, und »befriedigend«). Für den Schäfer fließen dabei die Hütetechnik, der Umgang mit den Schafen und der Einsatz und die Führung des Hundes in die Bewertung ein.

Die Schafhaltungskosten in der freien Natur belaufen sich auf etwa ein Zehntel der Stallhaltung, der Ertrag pro Kilo Wolle ist mit ca. zwei bis drei Euro pro Jahr sehr gering, berechnet man noch die Kosten für die fachgerechte Schur. Der Fleischpreis für Lamm ist zurzeit bei entsprechender Verbrauchernachfrage wirtschaftlich positiv. Für ihre wichtigen Landschaftspflegeaufgaben im Sinne eines ökologischen Natur- und Umweltschutzes erhalten Wanderschäfer eine Pflegeprämie. Einige Herden bleiben das gesamte Jahr im Freien, es erfolgt also auch in den Wintermonaten keine Aufstallung. Die Hunde sind täglich im Einsatz und leisten ein riesiges Ausdauerpensum.

Das SV-Leistungshüten ist ein eindrucksvoller Beleg für die Gebrauchshundfähigkeit dieser Rasse. Mit Zuruf und Pfiff dirigiert ein Schäfer gekonnt seine Herde und Deutschen Schäferhunde. Dazu ist Vertrauen, Ausbildung und das harmonische Zusammenspiel des Teams eine Grundvoraussetzung. Eine eindrucksvolle Präsentation von Mensch und Tier in der Schönheit der Natur. Lassen Sie sich nicht die Möglichkeit entgehen, einmal eine solche Veranstaltung zu besuchen. Sie werden bestimmt begeistert sein.

Ein Klassiker mit langer Geschichte – Zuchtschauen

Eine ganz elementare Säule des Sports mit dem Deutschen Schäferhund sind die beliebten Zuchtschauen.

Im Ausstellungsring.

Beurteilt wird auf den ca. 200 jährlichen Zuchtschauen in der Bundesrepublik Deutschland der anatomische Gesamtaufbau des Hundes in Bezug auf den Rassestandard. Da es aber auch um die optimale Präsentation des Hundes geht, sind ein gezieltes Training und die passende Vorbereitung von größter Bedeutung.

Kraftvolle, dynamische Bewegungen.

Für Neulinge ist das Prozedere manchmal unbekannt, und ein schlecht vorgestellter Hund bleibt damit unter seinen Möglichkeiten. Als ich im Frühjahr 1987 meinen Hund für unsere erste Ortsgruppenzuchtschau im niedersächsischen Fallingbostel anmeldete, wusste ich leider auch noch nicht, wie ich mich zu verhalten hatte, damit mein Hund gut in Szene kommt. Das »Drumherum« war für mich damals als Neuling gewöhnungsbedürftig, die Ausdrücke der aktiven Aussteller klangen zudem wie »Fachchinesisch«. Ich war jedenfalls interessiert und habe mir alles über die »Schau« von erfahrenen Sportlern erklären lassen.

Das Training sollte bereits Wochen vorher zu Hause auf dem eigenen SV-Übungsgelände beginnen. »Früh übt sich, wer ein Meister werden will« – nach diesem Motto können Deutsche Schäferhunde in der Nachwuchsklasse im Alter von neun bis zwölf Monaten ausgestellt werden. In diesem Alter wird allerdings noch keine

Zuchtbewertung vergeben. Die besten Hunde einer Klasse erhalten die Bewertung »viel versprechend« und machen damit den Besitzer schon einmal glücklich und optimistisch für die weitere Zukunft.
Um eine spätere relevante Zuchtbewertung erhalten zu können, muss der Hund mindestens zwölf Monate alt sein. Die Hunde starten von 12–18 Monaten in der Jugendklasse.
Da sich der Deutsche Schäferhund anatomisch schnell weiterentwickelt, wird vom vollendeten 18. bis zum 24. Lebensmonat eine neue Klasse aufgerufen, die so genannte Junghund-Klasse. Hier kann als höchste Zuchtbewertung ein »Sehr gut« vergeben werden. Aber es kann auch ein »Ausreichend« geben, wenn sich Hunde etwa schussempfindlich und befangen zeigen oder anatomische Beeinträchtigungen besitzen. Mit dieser Zuchtbewertung könnte ein Tier nicht in die Zucht gelangen. Natürlich kann man mit dem Hund weiter intensiv trainieren und dann vielleicht bei der nächsten Zuchtschau erfolgreicher sein.
Ab dem vollendeten zweiten Lebensjahr starten dann die Hunde, sofern sie ein Ausbildungskennzeichen von mindestens Schutzhundprüfung 1 oder eine Herdengebrauchshundprüfung besitzen, in den Gebrauchshund-Klassen. Hier ist die beste Bewertung dann ein »Vorzüglich«.
Alle Klassen werden nach Geschlechtern getrennt. Es gibt also die Jugendklasse Rüden und die Jugendklasse Hündinnen, und dies entsprechend in jeder Klasse. Als Stichtag für die Alterseinteilung in die unterschiedlichen Klassen gilt immer bei mehrtägigen Schauen der erste Tag der Veranstaltung.

Wenn Sie mit Ihrem Hund zu einer Zuchtschau kommen

Zunächst melden Sie sich in der Meldestelle, dort werden Ihre Unterlagen entgegengenommen, der Impfpass kontrolliert und eine Startnummer ausgegeben.
Auf dem Gelände sind je nach Größe des Platzes »Ringe« trassiert, meist sind diese rechteckig angelegt und besitzen Maße von etwa 50 x 25 Metern. Erfahrene und sehr gut geschulte Zuchtrichter bewerten dann Ihren Hund.
Ein wichtiger Teil ist die Standmusterung im Ring. Bei dieser Präsentation im Stand ist der Hund ohne wesentliche Hilfe im natürlichen Stand vorzustellen. Optisch wirkt es

Standmusterung.

Standmusterung im Ring.

besser, wenn Ihr Hund aufmerksam-gespannt und mit gestellten Ohren beurteilt werden kann. Deshalb steht der Hundeeigentümer dabei meist außerhalb des Rings. Dies wurde bei der Vorbereitung auf eine Ausstellung wiederholt geübt, der Hund wird dann interessiert und aufmerksam zu seinem Hundeführer schauen. Zur Verstärkung wird der Hund von »draußen« mit dem Namen angerufen. Das Anrufen von außerhalb des Ringes ist also erlaubt und wird nicht wie teilweise bei anderen Rassehundeschauen als so genanntes »Doublehandling« betrachtet.

Der Deutsche Schäferhund ist auch ein ausdauernder Traber.

Bei der sich anschließenden Runde im Trab kann der Zuchtrichter die anatomischen Gegebenheiten in der Bewegung betrachten. Die Hunde werden überwiegend an einer etwa zwei Meter langen »Schauleine« (meist aus weichem Leder) und einem im vorderen Halsbereich breiteren »Gabelhalsband« dem Zuchtrichter präsentiert. Der Hund bewegt sich dabei an strammer Leine vor dem Hundeführer. Bei der Teilnahme sollte der Hund möglichst in einer sehr guten Haarverfassung und deshalb nicht gerade völlig abgehaart sein. Bei jeder Zuchtschau erfolgt eine Überprüfung der Schussgleichgültigkeit (6 mm), eine Zahnkontrolle (hat der Hund wirklich alle 42 Zähne und sind diese korrekt angeordnet und kräftig?), eine Kontrolle der Tätowiernummer im rechten Ohr und natürlich nur bei den Rüden eine Hodenkontrolle. Auch diese Bereiche wollen im Vorfeld geübt sein.
Der Richter ruft anschließend die Reihenfolge seiner Klasse auf.

In der Gangwerksprobe laufen dann alle Hunde an der Leine im Ring hintereinander und bilden dadurch die Platzierung. Die Reihenfolge ändert sich in diesem Teil der direkten Betrachtungen und im Vergleich »jeder gegen jeden« häufig. Die Hunde werden wieder von draußen angerufen und gelockt, viele Helfer rennen dabei um den Ring. Dies sieht anfänglich schon gewöhnungsbedürftig aus. Ziel ist, den Hund zu motivieren und auf Spannung zu halten, damit er sich ästhetisch präsentiert. Es ist nicht zulässig, beim Anrufen der Hunde akustische Hilfsmittel einzusetzen, die elektrisch, durch Gas oder Druckluft verstärkt werden. Das Anrufen von außerhalb des Ringes ist also auch in dieser Phase des Präsentierens erlaubt.

Neben den anatomischen Vorzügen spielen aber auch Kriterien wie Temperament, Kondition, Lauffreude und Ausstrahlung im Ring eine entscheidende Rolle. Bei der Gangwerksprobe werden die Hunde immer mal wieder angehalten und gestellt, diese Phasen wechseln sich ab mit dem normalen Schritt und Runden im schnellen Trab. Für den Hund, den Hundeführer im Ring und den anrufenden Helfer draußen ist dies schon eine sehr schweißtreibende Angelegenheit.

Die älteren Hunde über sechs Jahre können in einer eigenen Klasse, der »Veteranenklasse«, vorgeführt werden.

Alle startenden Hunde werden in einem speziellen Ausstellungskatalog aufgeführt, der von der veranstaltenden Ortsgruppe mit viel Engagement erstellt wird.

Als Lohn der Arbeit winken ein Pokal und die Bewertungskarte.

Bis zur abschließenden Bewertung ist nichts entschieden: Die Reihenfolge kann sich noch häufig ändern.

Höhepunkt für die aktiven Aussteller ist die jährlich stattfindende Bundessiegerzuchtschau. Ich war selber mehrfach mit Hunden aktiv beteiligt. Die Atmosphäre in den großen Stadien von Düsseldorf, Bremen, Hamburg, Karlsruhe oder Ulm ist schon gigantisch. Jeweils über 40.000 Zuschauer wohnen diesen Veranstaltungen bei und sammeln wichtige Informationen für ihre zukünftige züchterische Konzeption. Messestände mit Produkten »Rund um den Hund« ziehen das Kaufinteresse vieler Besucher an. Über 2000 Deutsche Schäferhunde werden in den

Schneller Trab.

verschiedenen Altersklassen ausgestellt, wahrlich ein Mega-Ereignis für den Hundefreund. Aus allen Kontinenten unserer Erde kommen Gäste und Journalisten, um über diese Großveranstaltung im Fernsehen, im Radio und in Zeitungen zu berichten. Die Zuschauer verfolgen an drei Tagen spannende und packende Wettkämpfe in den »Ringen«. Emotionen pur herrschen am letzten Tag dieser Weltchampionentscheidungen, dem Richten der Gebrauchshundklassen. Ein wirklich stimmgewaltiges Ensemble aus Applaus, Rufen, Klatschen und Pfeifen begleitet die Arbeit der Elite in der heißen Entscheidungsphase. Beeindruckend schließt die SV-Bundessiegerzuchtschau mit einer stimmungsvollen Siegerehrung. Für die Teilnehmer und Zuschauer kommt dabei schon eine »Gänsehaut-Atmosphäre« auf.

Die größte Zuchtschau des Jahres ist eine »gigantische« kynologische Informationsbörse und für das Zuchtgeschehen innerhalb der Rasse von größter Wichtigkeit. Montags im Internet oder dienstags nach Erhalt durch die Post, schauen dann landesweit die Bezieher gespannt in den Schäferhund-Informations-Dienst (SID), um alle Ergebnisse besonders dieses Wochenendes noch einmal genau zu studieren.

Leistungssport mit dem Hund – Die Schutzhundausbildung

Der Leistungsbereich stellt eine weitere, ganz wichtige Säule des Hundesports dar. Prüfungsveranstaltungen haben das Ziel, die individuelle Leistungsfähigkeit in den jeweiligen Prüfungsstufen zu bewerten. Andererseits tragen Prüfungen auch dazu bei, die Gesundheit, Vitalität und Leistungsfähigkeit des Deutschen Schäferhundes im Sinne der Gebrauchstüchtigkeit zu erhalten und weiter zu fördern. Leistungsprüfungen sind zuchtrelevant, das erfolgreiche Ablegen einer Schutzhundprüfung/Vielseitigkeitsprüfung gilt als ein entscheidendes Kriterium für die Zuchttauglichkeit des entsprechenden Hundes.

Ab dem 1. 1. 2004 gilt eine neue Prüfungsordnung, die für alle Mitgliedsvereine/-verbände im Verband für das Deutsche Hundewesen Gültigkeit hat. Die SV-Prüfungsordnung umfasst 94 Seiten und kann über die nationalen Vereine für Deutsche Schäferhunde bezogen werden. Als eine »Vorschaltprüfung« müssen die Hunde eine Begleithundprüfung abgelegt haben.

Hundeführer, die nicht den Nachweis der persönlichen Sachkunde vorlegen können, müssen vorher oder am

Freifolge freudig und gespannt-aufmerksam.

Hundesport verleiht Flügel.

Tage der Begleithundprüfung eine schriftliche Sachkundeprüfung ablegen. Den Fragenkatalog können sich Interessierte auf der Homepage des Vereins für Deutsche Schäferhunde anschauen.
Zur späteren Vorführung Ihres Hundes bei einer speziellen Fährtenhundprüfung (FH), Schutzhundprüfung (Sch H)/Vielseitigkeitsprüfung (VPG), Schutzhundprüfung A/VPG A (ohne Fährte), Prüfung nach internationaler Prüfungsordnung (IPO), Rettungshund-Tauglichkeitsprüfung, Rettungshund-Eignungsprüfung (RH) oder in den Sparten Agility und Obedience ist die Begleithundprüfung zwingend vorgeschrieben.
Neu in den Prüfungskatalog aufgenommen sind die Fährtenprüfungen (FPR) mit ausschließlicher Fährtensuche entsprechend der Schutzhundstufen und die Stöberprüfung (StP).
Ab der Begleithundprüfung wird bei jeder weiteren Prüfung stets eine Unbefangenheitsprobe und Identitätskontrolle (Tät.-Nr. rechtes Ohr) der Hunde vorgenommen. Die Beurteilung der Unbefangenheit erstreckt sich dabei über den gesamten Prüfungsablauf. Bei negativem Verlauf scheidet der Hund aus der Prüfung aus.

- Inhaltlich werden die Leinenführigkeit und die Freifolge (ohne Leine) des Hundes geprüft. Der Hund hat freudig und aufmerksam den Hundeführer zu begleiten.
- Das Gehen durch eine Personengruppe – bestehend aus vier Personen – muss gezeigt werden.
- Das »Sitz« des nicht angeleinten Hundes aus der Bewegung ist ein weiterer Übungsteil. Der Hunde-

Apportieren auf ebener Erde.

führer entfernt sich dabei 30 Schritte von seinem sitzenden Hund.

- Beim »Ablegen in Verbindung mit Herankommen« legt sich der Hund nach etwa 10–15 Schritten mit dem Hundeführer auf das Hörzeichen »Platz«. Der Hundeführer entfernt sich wieder 30 Schritte und ruft seinen Hund zu sich.
- Bei der letzten Übung »Ablegen des Hundes unter Ablenkung« liegt der Hund ohne Führerleine etwa 30 Schritte von seinem Hundeführer entfernt.

Ein anderes Team zeigt dabei die vorgenannten Einzelübungen.
Es macht viel Spaß, mit seinem Hund diese Übungen in kleinen Schritten aufzubauen und schließlich sicher zu beherrschen. Ausbildungserfolge motivieren und faszinieren zugleich. Ganz sicher wird Ihr Deutscher Schäferhund bei einer behutsamen Arbeit recht schnell diese Übungen beherrschen.

Überprüfung eines Begleithundes im öffentlichen Verkehrsraum.

Kraftvolles Apportieren über die 1-Meter-Hürde.

Zur Prüfung gehört dann ferner außerhalb des Übungsgeländes die Überprüfung der Verkehrssicherheit im öffentlichen Verkehrsraum einer geschlossenen Ortschaft. Die Hunde müssen 15 Monate alt sein, um an der Begleithundprüfung teilnehmen zu können. Auf diese Prüfung bauen dann die weiteren Prüfungen auf.
Die Sch H/VPG 1 kann frühestens ab 18 Monaten, die Sch H/VPG 2 ab 19 Monaten, und die Sch H/VPG 3 ab 20 Monaten in aufsteigender Reihenfolge abgelegt werden.
Neben einer noch erweiterten Unterordnungsarbeit mit dem Apportieren eines Bringholzes und Sprung- und Kletterübungen über eine 180 cm hohe Schrägwand, gehören auch die Fährtenarbeit und der Schutzdienst zum Programm.
Bei der Fährte haben die Hunde ihre »Nasenqualität« unter Beweis zu stellen. Je nach Prüfungsstufe steigern sich die Länge der Fährte (300–600 Schritt), die Anzahl der dort abgelegten und zu findenden Gegenstände

Über die 1,80 Meter hohe Schrägwand.

Schrägwand: Einwandfreier Hinsprung.

(zwei oder drei) und die Liegezeit der Fährte (20–60 Minuten).

Bei speziellen Fährtenhundprüfungen (FH1, FH2) sind die Fährten bis 1800 Schritte lang, es liegen sieben Gegenstände auf der Fährte, die mindestens drei Stunden alt sein muss. Die Fährten werden insgesamt in unterschiedlichen Formen mit mehreren Winkeln (90 Grad) gelegt.

Durch spezielle Verleitungen im Fährtenverlauf, Geländewechsel und Überquerung von Straßen oder Wirtschaftswegen wird zusätzlich die gezeigte Leistung der »Nasenspezialisten« überprüft.

Der Hund arbeitet in der Fährte immer an einer Leine, die 10 Meter lang ist, oder auch freisuchend, wiederum 10 Meter vor dem Hundeführer.

Die Fährte selber entsteht durch Fußspuren eines Menschen. Beim Begehen der Ackerfläche oder einer Wiese verletzt der Fährtenleger den Untergrund durch seine Spuren. Dabei entstehen chemische und organische Reaktionen (Verwitterungsprozesse), die der Hund mit seiner Nase selektiert und die Spur dann nach entsprechender Ausbildung sicher verfolgt. Denken Sie noch einmal an die etwa 220 Millionen Riechzellen des Deutschen Schäferhundes und sein riesiges Leistungspotenzial mit der Nase. Die in der Fährte vorher deponierten Gegen-

Das Apportieren über die Schrägwand.

Fährtenarbeit.

Auch auf diesem schwierigen Gelände hält ein Deutscher Schäferhund sicher die Spur.

stände (Leder, Textilien und Holz; 10 cm lang, 2–3 cm breit, bis 1 cm dick) werden durch Liegen, Stehen oder Sitzen vor dem Gegenstand dem im Abstand von zehn Metern folgenden Hundeführer angezeigt.

Fährtenausbildung ist eine Fleißarbeit und benötigt eben Zeit und Geduld. Hierbei werden wesentliche Triebbereiche und Qualitäten trainiert, die unter anderem den Deutschen Schäferhund als Diensthund bei Behörden auf der gesamten Welt so wertvoll machen (z. B. der Drogen- und der Tabakspürhund beim Zoll).

Die dritte Sparte ist der Schutzdienst, der für manche Betrachter zuerst suspekt ist. Im Schutzdienst werden Hunde keineswegs aggressiv gemacht, sie kanalisieren hier ihre natürlichen Triebveranlagungen. Ein guter Ausbilder erkennt die vorhandenen Anlagen des Hundes und kann sie entsprechend fördern und lenken. Beim Schutzdienst werden der Beutetrieb, der Wehrtrieb und der Aggressionstrieb als besondere Triebanlagen angesprochen und in einem langfristigen Ausbildungsverlauf trainiert. Können diese natürlichen Anlagen des Hundes nicht artgerecht ausgelebt werden, verkümmert auch die psychische Kreativität des Hundes. Der Schutzdienst kann hier eine adäquate Befriedigung verschaffen, er steuert die natürlichen Anlagen in definierte, gewünschte Verhaltensweisen. Das Beuteverhalten wird durch den »Ärmel« des Schutzdiensthelfers als natürliche Verhaltensweise des Hundes aktiviert und gesättigt. In der Schutzhundprüfung zeigt ein Hund Verteidigungsübungen, um sich oder seinen Hundeführer vor einer Attacke des Angreifers (Scheintäter) zu verteidigen. Dabei muss er abgesichert im Gehorsam des Hundeführers stehen, um erfolgreich sein zu können. Der Hund lässt zum Beispiel auf Hörzeichen »Aus!« vom Schutzärmel sofort ab und bannt den Scheintäter aufmerksam.

Der ausgebildete und laufend beschulte Leistungsrichter bewertet die Fährten und Unterordnungsarbeit. Gerade in der Schutzdienstarbeit erkennt er die Triebveranlagung, Selbstsicherheit und Belastbarkeit (TSB) des Deutschen Schäferhundes. Voraussetzungen sind dabei das Gefühl des Hundes für seine physische und psychische Stärke, seinen Geltungstrieb und die innere Unerschrockenheit.

Fährtenarbeit verlangt intensives Training. Hier arbeitet der Hund an einer 10-Meter-Leine bei der SV-Bundessiegerprüfung 2003 in Meppen.

Bundesfährtenhundprüfung in Rorup: Die »Supernase« des Jahres wird ermittelt.

Ich habe persönlich sehr viele unterschiedliche Hunde ausgebildet und auf Prüfungen vorgeführt. Meine Erfahrung ist: Je besser ein Hund ausgebildet ist und je artgerechter er adäquat seine Triebe ausleben kann, desto geringer ist ein Unfallrisiko. Der ausgebildete Hund ist in einem stabilen nervlichen Gleichgewicht.

Nach dem Schutzdienst stellt sich beim Hund übrigens keine Aggressivität gegen andere Personen ein. Wir haben bei Veranstaltungen des Vereins häufig Journalisten die Möglichkeit gegeben, zu beobachten, wie fremde Prüfungshelfer bei der anschließenden Kontrolle der Tätowiernummer nach dem Schutzdienst den Hund problemlos anfassen konnten. Innerhalb des Vereins für Deutsche Schäferhunde fanden im Jahre 2003 insgesamt 4036 Prüfungen mit insgesamt 33.202 geprüften Hunden statt.

Freuen Sie sich auf Ihre erste Prüfung mit Ihrem Hund, sicherlich werden Sie nervös und aufgeregt sein! Aber eine bestandene Prüfung vermittelt ein Supergefühl und ist der Lohn für Ihre Trainingsarbeit. Die Bewertung bei der Schutzhundprüfung/VPG erfolgt nach einem Punktesystem, differenziert nach dem jeweiligen Anforderungsprofil der Prüfungsstufen. Pro Sparte kann man maximal 100 Punkte, also zusammen 300 Punkte erreichen. Mindestens 70 Prozent müssen zum Bestehen in jeder Abteilung erreicht werden. Für eine Vorführung in der nächst höheren Prüfungsstufe ist jedoch ein Teilergebnis von mindestens 80 Punkten im Schutzdienst erforderlich.
Höhepunkt für einen Leistungssportler ist wohl die Teilnahme an der jährlichen SV-Bundessiegerprüfung. Die etwa 120 besten Deutschen Schäferhunde, die sich vorher auf Orts- und Landesebene qualifizieren mussten, gehen hier an den Start. Ich durfte bisher zweimal an dieser Topveranstaltung mit meinem Rüden »Whisky vom

Stellen und verbellen.

Höllbachgrund« für die Landesgruppe Niedersachsen teilnehmen. Einmal als Ersatzstarter der Mannschaft im Jahre 2002 in Lübeck und dann als Direktteilnehmer im Jahre 2003 in Meppen. Es war ein unvergessliches Erlebnis, vor ca. 15.000 Zuschauern im Meppener Emslandstadion zum Schutzdienst anzutreten. Auf eine vordere Platzierung hatten wir keine Chance, aber dabei sein ist alles.

Die Schutzhundausbildung und der Vergleich auch auf der Deutschen Meisterschaft sind für die gesunde und wesensvitale Zucht des Deutschen Schäferhundes relevant.

Der Deutsche Schäferhund ist ein Gebrauchshund und Bestandteil des Kulturgutes. Die Mitgeschöpflichkeit des Hundes ist dabei der ethische Leitfaden des Tierschutzes

Abwehrhandlung mit ruhigem, festem und vollem Griff.

Dieser Hund vereitelt selbstsicher einen Angriff und verteidigt seinen Hundeführer.

und einer jeden Ausbildung. Wichtig ist, den einmal erreichten Ausbildungsstand eines Hundes zu festigen und vielleicht auch zehnmal die Schutzhundprüfung 3 / VPG 3 abzulegen, falls es dem Team Mensch-Hund Spaß macht.

Es liegt in der Natur der Sache, dass nicht alles klappen kann, schließlich sind Hunde auch nur »Menschen«. Manchmal sind sie »schlecht drauf« und manchmal »vergessen« sie auch, was sie sollen und eigentlich auch sicher beherrschen. Wichtig ist es, einen Hund auf dem erreichten Ausbildungsniveau zu halten. Es ist wohl ähnlich wie

Seitentransport führig und aufmerksam.

Unterordnung: Bundessiegerprüfung in Meppen.

bei jenem Gärtner, der einmal einen neuen Garten fachgerecht und wunderschön anlegte, dieser musste jedoch immer wieder bearbeitet werden, um nicht erneut zu verkrauten.

»Unkraut ist die Opposition der Natur gegen die Regierung des Gärtners.« Dieses Zitat von Oskar Kokoschka, österreichischer Maler, Grafiker und Dichter, lässt übertragen erahnen, dass es in der Ausbildung Probleme und Grenzen gibt. In allen Bereichen des Hundesports gibt es Grenzlinien, die es zu achten gilt. Der Sport mit dem Deutschen Schäferhund ist Hobby und soll Freude bereiten, Motivation und positive Besessenheit sind der Motor, Verbissenheit wäre die Bremse.

Die Körung – Förderung einer planmäßigen Zucht

Nachdem alle Voraussetzungen zur Teilnahme vom Hund erfüllt sind, also:

- mindestens SchH 1/ VPG 1 oder IP 1 mit 80 Punkten im Schutzdienst und abgelegt unter einem SV-Leistungsrichter
- Nachweis einer Mindestzuchtbewertung »Gut« unter einem SV- Zuchtrichter
- Nachweis über eine Ausdauerprüfung
- Überprüfung wegen Hüftgelenksdysplasie (»A«-Stempel muss sich in der Ahnentafel befinden)

kann der Deutsche Schäferhund zur Körung angemeldet werden. Im Jahre der Körung muss der Hund mindestens zwei Jahre alt werden.

Was heißt eigentlich Körung?

Eine Körung (»Auswählen«) ist die Einstufung der Elterntiere von landwirtschaftlichen Nutz- oder auch Liebhabertieren in Zuchtwertklassen nach bestimmten Kriterien. Zweck der Körung ist es, eine Auslese unter den Zuchttieren, die in ihrem Wesen, ihrer Leistung und ihrem anatomischen Aufbau in besonderem Maße zur Erhaltung und Förderung der Rasse geeignet sind, zu treffen.

Zur Durchführung der Körung beruft der Verein für Deutsche Schäferhunde als größter Rassehundverein der Welt erfahrene und langjährig tätige Zuchtrichter zu Körmeistern. Im Rahmen der Körung wird der Hund gemessen, gewogen, Zähne und bei den Rüden die Hoden kontrolliert. Natürlich erfolgt auch bei der Körung wieder eine

Gemessen und gewogen: Heute wie damals werden zuchtrelevante Daten dokumentiert.

Zeigt das Verhalten der Hündinnen und Rüden bei der Überprüfung im Schutzdienst ein nicht körfähiges Ergebnis, erfolgt eine Zurückstellung auf ein Jahr.
Bei erheblichen anatomischen Mängeln, Über- oder Untergröße, Hodenfehler, Fehlen von bestimmten Zähnen, erheblichen Pigmentmängeln oder bei Hunden mit Langhaar oder Langstockhaar ist eine Körung ausgeschlossen.
Die Neuankörung eines Deutschen Schäferhundes erfolgt auf die Dauer von zwei Jahren.
Eine Wiederankörung muss im zweiten Jahr der Körzeit erfolgen. Wird auch hier ein positives Ergebnis erzielt, erfolgt die Körung auf Lebenszeit und damit die Möglichkeit zum dauerhaften Zuchteinsatz.
Die Voraussetzungen und vielfältigen Vorbedingungen sind notwendig, um die Rasse gemäß dem Rassestandard zu festigen und gewissenhaft zu fördern. Zurzeit wird über eine Modifikation der Körung nachgedacht, um diese innerhalb des Rassestandards den veränderten Bedingungen zeitgemäß anzupassen.

Überprüfung der Schussgleichgültigkeit. Die Anatomie wird im Stand und der Bewegung begutachtet.
In einem gesonderten Teil werden durch einen speziellen Körschutzdienst Triebverhalten, Selbstsicherheit und Belastbarkeit (TSB) bewertet.
Kranke Hunde können nicht zur Körung vorgestellt werden. Der Hund hat sich während der gesamten Überprüfung unbefangen, selbstsicher, nervenfest und gutartig zu präsentieren.
Nach Abschluss der jeweiligen Körung gibt der Körmeister über Lautsprecher einen Bericht über den Hund ab, der dem Besitzer später auch schriftlich zugestellt wird. Die Hündinnen und Rüden werden dabei nach der Körordnung in die Körklassen 1 oder 2 eingruppiert.

Der Tunnel.

Agility wird auch als »kontrolliertes Spiel« mit dem Hund bezeichnet.

Im Agility-Parcours: aufmerksam, freudig und gewandt …

Agility – »Aktion pur« mit Harmonie

Vor über 20 Jahren wurde diese Hundesportart in Großbritannien kreiert, deren Grundregeln eine Verwandtschaft zum Reitsport zeigen. Agility heißt übersetzt »Behändigkeit« und meint damit sowohl die der Hunde als auch der Hundeführer. Im Mittelpunkt dieses erzieherischen Spieles mit dem Hund steht ein wechselnder Hindernisparcours mit unterschiedlichen Schwierigkeitsgraden. Auch hier lassen sich die Spuren des Springreitens erkennen, besteht der Parcours doch aus Viadukt und Mauer, aus Hürden und Weitsprung, aus Stofftunnel und flexiblem Plastiktunnel sowie aus Wippe, Laufsteg und Slalom. Ziel ist es, den vom Agility-Richter festgelegten Hindernisparcours in einer festgelegten Reihenfolge möglichst schnell und ohne Fehlerpunkte zu meistern.

Der Hundeführer muss sich dafür den ausgesteckten Parcoursverlauf gut einprägen und möglichst ökonomische Laufwege – auch bei den Richtungswechseln – wählen. Für abgeworfene Stangen, Verweigerungen der Hindernisse und Fehler bei den farblich abgesetzten Kontaktzonen, etwa bei der Wippe oder dem Laufsteg, gibt es Fehlerpunkte.

Vor dem Lauf werden Halsband und Leine abgenommen, um möglichst Verletzungen auszuschließen.

Auf einen sicheren Parcoursaufbau wird ohnehin größter Wert gelegt. Das Team Mensch-Hund durchläuft gemeinsam das Terrain mit, je nach Schwierigkeitsgrad, etwa 10–20 Hindernissen. Vom Hund werden schnelle Reaktionen und Intelligenz erwartet, vom Hundeführer sind zudem

Einfühlungsvermögen und auch Kondition gefordert.
Diese Sportart macht einfach Spaß, auch die Zuschauer sind von der sportiven Aktion fasziniert. Die Unbefangenheit des Hundes ist von entscheidender Bedeutung, ängstliche Tiere oder Raufer sind für diesen Sport gänzlich ungeeignet. Die Grundausbildung in der Unterordnung ist wichtig, um den Hund ziel-

Sprung durch den Reifen.

Geballte Energie!

gerichtet mit Zurufen und Zeichen sicher über die Hindernisse ins Ziel zu lotsen.
Agility wird auch als »kontrolliertes Spielen« mit dem Hund bezeichnet, positive Verstärker sind für die Ausbildung besonders wichtig.
Als ein aktiver und dynamischer Gebrauchshund ist der Deutsche Schäferhund auf den Wettbewerben in der gesamten Welt anzutreffen. Ein Laufsteg mit über vier Metern Länge und bis 135 cm Höhe ist ebenso wenig ein Problem wie der Sprung durch den Reifen. Der Slalom hat seinen besonderen Reiz und zeigt die Balance zwischen Triebveranlagung, Ausbildung und Technik. Agility fördert das gemeinsame Vertrauen und macht dem Hund sichtlich Freude. Es ist ein idealer Freizeitsport für Mensch und Hund.
Natürlich gibt es auch hier eine absolute Leistungsspitze, wie man sie zum Beispiel auf dem Agility-Wettbewerb im Rahmen der Bundessiegerprüfung oder den Deutschen Agility-Meisterschaften des VDH antrifft und bewundern kann. Für eine vordere Platzierung bei diesen spannenden Wettkämpfen ist Schnelligkeit, Geschicklichkeit, Führigkeit und eine harmonisches Teamwork zwischen Mensch und Deutschem Schäferhund Grundvoraussetzung. Diese Leistungsqualität trifft auch für die SV-Agility-Bundesliga mit etwa 20 Mannschaften und SV-Regionalligen mit ca. 80 Mannschaften zu.
Im Verein für Deutsche Schäferhunde stehen bundesweit etwa 300 geschulte Agilitytrainer zur Verfügung, die sich stets weiterbilden und mit neuen Ausbildungstechniken vertraut machen.
Die Prüfungsordnungen mit den Regeln und Bestimmungen können über die Vereine für Deutsche Schäferhunde in den einzelnen Ländern angefordert werden.
Eine gezielte und frühe »Talentschau« ist wichtig, bereits ab dem Welpenalter können Sie Ihren Hund behutsam und ohne Stress an die Hindernisse und Geräte gewöhnen. Stressfrei lernen macht Spaß, schnell werden auch neue Kontakte zu anderen Hundefreunden geknüpft. Lassen Sie sich aber mit der intensiven Agility-Ausbildung Zeit, bis die Sprunggelenke und der Knochenaufbau im Alter von etwa 12–14 Monaten ausreichend gefestigt sind. Mit körperlicher Fitness, freudig und triebvoll wird Ihr Deutscher Schäferhund dann etwas später mit Volldampf elegant durch den Slalom »tänzeln«. Sie müssen aber kein Champion werden, um von der von ihr ausgehenden Begeisterung dieser Hundesportart angesteckt zu werden.

»Kollege« auf vier Pfoten – Der Diensthund

Immer dort, wo der Mensch oder auch die moderne Technik an ihre Grenzen stoßen, schlägt die Stunde der Diensthunde. Viele tausend Deutsche Schäferhunde »gehen auf Streife« und versehen ihren Dienst bei Polizei, Zoll, Bundeswehr, Bundesgrenzschutz, Objektschutzunternehmen oder natürlich auch als Blindenführ- oder Rettungshund.
In Deutschland kann man den Einsatz von Diensthunden bis in das vorletzte Jahrhundert zurückverfolgen. Die Stadt Hildesheim setzte demnach schon im Jahre 1896 Diensthunde als »Mitarbeiter« ein. Die herausragenden Sinnesleistungen und seine Robustheit machen den Deut-

schen Schäferhund auch international zu einem wertvollen Helfer für den Schutz und die Sicherheit in der Gesellschaft.
Nach der traurigen Erdbebenkatastrophe wurden Anfang des Jahres 2004 im Iran viele Deutsche Schäferhunde mit ihren Ausbildungsfähigkeiten zum Auffinden verschütteter Menschen eingesetzt.
Für den Polizeieinsatz ist eine Synthese aus Nervenstärke und Gelassenheit, körperlicher und psychischer Aktivität und Dominanz notwendig. Die wesensstarken und sicheren Hunde müssen über eine mittlere Reizschwelle verfügen, einer Gebrauchshundeigenschaft, die höchsten Dienstansprüchen gerecht wird. Die überwiegende Mehrheit der Diensthunde sind der Deutsche Schäferhund und der Malinois (Belgische Schäferhund).
In den Medien findet man immer Berichte über Drogenspürhunde, die an den Grenzen, Flughäfen oder Autobahnen große Mengen Haschisch, Ecstasy oder Kokain aufgespürt haben. Diese Diensthunde sind natürlich nicht selber drogensüchtig und suchen bei der Arbeit ihren »Stoff«, vielmehr sind ein sehr ausgeprägter Spiel- und Beutetrieb entscheidend für die »Spürhundkarriere«. Diese genetischen Vorzüge des Hundes werden von den Diensthund haltenden Behörden konsequent gefördert und weiter ausgebildet. Dabei wird immer auch das Team Diensthundeführer und Hund geschult. Die Hunde arbeiten letztlich für ihr »Spielzeug«, etwa den Ball. Dieser ist nach erfolgreicher Suche die Belohnung und Bestätigung für den Hund. Natürlich ist es notwendig, dass der Spürhund eine hohe Triebbeständigkeit besitzt und immer wieder freudig und motiviert nach seinem Ball sucht und dadurch Drogen auch in fantasievollsten Verstecken findet. Mit einer erlernten Passivanzeige, der Hund sitzt dabei vor der erkannten Zielperson, können auch Drogen

Schutzmann Großkopf mit Polizeihund Jona.

»Kollege auf vier Pfoten«: Für die »Spürhundkarriere« sind ein sehr ausgeprägter Spiel- und Beutetrieb entscheidend.

erkannt werden, die von Kurieren in Kondome abgefüllt und verschluckt wurden.

Viele Deutsche Schäferhunde setzen ihre Supernase etwa nach Bombendrohungen ein, um Sprengstoffe aufzuspüren und anzuzeigen.

Auch gegen den Devisenschmuggel werden in jüngster Zeit »vierbeinige Staatsdiener« eingesetzt. Die Zollhundeschule Bleckede/Elbe hat Deutsche Schäferhunde als Bargeldspürhunde darauf ausgebildet, Geldbeträge ab 15.000 Euro (Anmeldegrenze) anzuzeigen. Die Hunde selektieren die spezifischen Duftstoffe des Euro-Geldes. Kaum zu glauben aber wahr, wirklich eine imposante Meisterleistung der Hunde und Ausbilder.

Sehr gerne habe ich mit anderen Hundesportlern und den Diensthundeführern der Polizei trainiert und von deren Ausbildungsmethoden und der Überprüfung der speziellen Anforderungsprofile an Junghunde für einen eventuellen späteren Polizeidienst gelernt. Nicht zu unterschätzen ist auch die präventive und »Randale« vorbeugende Wirkung des Deutschen Schäferhundes als Diensthund bei der Polizei, etwa bei größeren Menschenansammlungen.

Haben Sie schon einmal einen Blindenführhund bei der Arbeit beobachten können? Mit absoluter Sicherheit führen sie Menschen durch den geschäftigsten Alltag in den Städten und zeigen dabei Straßen, Ampeln und Hindernisse an. Ihr Einsatz ermöglicht es dem Menschen, auch Busse und Bahn zu nutzen und damit weitestgehend mobil zu sein. Eine hohe genetisch verankerte Wesensfestigkeit und Belastbarkeit führen nach einer langen Ausbildung zu dieser grandiosen Leistung des Hundes. Die Anhänglichkeit und Nähe des Blindenführhundes geben dem Menschen dabei eine starke psychologische und emotionale Sicherheit.

Eine ganz besonders sympathische Geschichte über einen Deutschen Schäferhund als »Praxishelferin« habe ich von einer Detmolder Ärztin erfahren. Die Hündin Cassie assistiert dort in der Praxissprechstunde. Kinder können sich an ihr »festhalten« und fühlen sich dadurch sicher und haben keine Angst vor irgendwelchen Untersuchungen. Auch erwachsene Patienten schätzen die Anwesenheit der Schäferhündin als »spezielle Assistentin«. Logischerweise bleiben einige Behandlungsbereiche aus hygienischen Gründen tabu, und die Anwesenheit muss auch ausdrücklich vom Patienten erwünscht sein. Mittlerweile wünschen sich etwa 90 Prozent die Anwesenheit der Hündin. Bei Hausbesuchen mit der Hündin freuen sich ältere und behinderte Menschen über die nette Abwechslung. Die Deutsche Schäferhündin Cassie ist in ihrem »Einsatzgebiet« sicherlich eine besondere Rarität, sie belegt aber eindrucksvoll die Vielseitigkeit und Empathie dieser wunderbaren Hunderasse.

Es ist wohl insgesamt die Summe der Talente und Gebrauchshundeigenschaften, die den Deutschen Schäferhund weltweit zum Diensthund Nummer eins werden ließ.

Obedience – die »Hohe Schule« der Unterordnung

Was in der Bundesrepublik Deutschland für viele Hundesportler noch ziemlich unbekannt ist, hat sich in England, Skandinavien, den Niederlanden, der Schweiz und Italien längst sehr erfolgreich etabliert. Vor über 50 Jahren wurde diese Gehorsamsüberprüfung in England aus der Taufe gehoben. Der Deutsche Schäferhund ist für diese Sportart sehr gut geeignet, auch für ältere Hunde findet sich hier ein ideales Betätigungsfeld.

Grundlage für die Teilnahme des Hundes an den verschiedenen Prüfungsstufen ist eine zuvor erfolgreich abgelegte Begleithundprüfung. Viele Elemente aus der Unterordnungsarbeit der Schutzhundausbildung findet man hier in abgewandelter Form wieder. Die Sozialverträglichkeit und Arbeitsbereitschaft des Hundes und die Harmonie im Team mit dem Hundeführer sind unbedingt notwendig, um diese sportliche Gehorsamsleistung zu erbringen.

Der Prüfungsstartschuss fällt in der Obedience-Beginnerklasse. Insgesamt müssen elf verschiedene Übungen

Top-Ausbildung zum Rauschgift-, Tabak- oder auch Bargeldspürhund in der Zollhundeschule in Bleckede. Wichtig ist dabei immer die Förderung des Spieltriebes.

gezeigt werden, wobei sich sehr viele Einzelübungen besonders mit der Unbefangenheit und Sozialverträglichkeit des Hundes befassen.

Das Verhalten gegenüber anderen Hunden im Abstand von drei Metern zueinander bildet ebenso einen Bestandteil wie die Übungen:

- Stehen und Betasten oder
- Gebiss zeigen

Natürlich werden auch sportliche Gehorsamsteile wie die:

- Leinenführigkeit
- Freifolge
- Kommen auf Befehl oder auch
- Sitz aus der Bewegung

gezeigt. Es gibt in dieser Prüfungsstufe fünf Pflichtübungen, bei denen zum Bestehen jeweils eine bestimmte Mindestpunktzahl erreicht werden muss. Während der gesamten Präsentation wird größter Wert auf den Umgang zwischen Mensch und Hund gelegt. Über die Obedience-Klassen 1, 2 und 3 werden wirklich faszinierende Übungen mit zum Teil sehr hohem Schwierigkeitsgrad in das Prüfungsgeschehen eingebaut. Das *Apportieren eines Metallgegenstandes über die Hürde* oder die *Geruchsunterscheidung unter sechs auf dem Boden ausgelegten Gegenständen* sind wahrhaft eine Augenweide. Bei dieser Übung findet der Hund einen Holzgegenstand, den der Hundeführer kurzfristig bei sich trug, aus einem Kreis mit fünf zusätzlichen identischen Gegenständen heraus. Die Übung *Kontrolle auf Distanz* wird Sie sicherlich ebenfalls in den Bann ziehen. Im Abstand von 15

Metern zeigt der Ringsteward (Wettkampfleiter) dem Hundeführer mit beschrifteten Schildern den zu zeigenden Positionswechsel aus dem Stand ins Steh, Sitz oder Platz an. Der Hund muss jeweils sechsmal in der Obedience-Prüfung 3 die Stellung wechseln. Bei dieser wirklich sehr schwierigen Übung gibt der Hundeführer Hör- oder Sichtzeichen. Der Ringsteward soll drei Sekunden zwischen jedem Wechsel der Kommandozeichen warten. Im Jahre 2003 fand in Dortmund im Rahmen der Welt-Hunde-Ausstellung die Obedience-Weltmeisterschaft statt. Diese Wettbewerbe wurden von Hundesportlern aus Skandinavien dominiert. Ich habe die Vorführungen mit großem Interesse verfolgt und war von der Arbeitsfreude und Perfektion dieser Unterordnungsarbeiten angetan. Obedience ist in Deutschland eine noch junge Sportart, die vom Schäferhundeverein unterstützt und ganz sicher in der nahen Zukunft ihre Anhänger finden wird. Für den Besitzer eines Deutschen Schäferhundes ist dies eine wundervolle Alternative, die Begeisterung schafft.

Rettungshundwesen – Der Deutsche Schäferhund rettet Menschenleben

Gerne greifen Menschen in allen Bereichen des Rettungshundwesens auf den gebrauchstüchtigen Deutschen Schäferhund für die Aufgaben Suchen, Helfen und Retten zurück. Diese Rasse verfügt über alle positiven Eigenschaften und Anlagen, die sie besonders für den weltweiten Rettungseinsatz prädestinieren. Er hat sich in vielfältigem Einsatz beim Auffinden vermisster Personen im Gelände, unter Trümmern vor allem in Erdbebengebieten und unter den Schneemassen in Lawinenregionen bewährt. Auch bei der Rettung von in Wasser in Not geratenen Menschen zeigt er seine Arbeitsbereitschaft. Die naturgegebene Anpassungsfähigkeit, auch an extreme Witterungsverhältnisse, unterstützt die Einsatzbereitschaft in allen Sparten der Menschenrettung. Die Arbeit als Rettungshund in einer Hilfsorganisation und dabei stets einsatzbereit für in Not geratene Menschen zu sein, ist ein hohes Gut, das ein besonderes Maß an Verantwortung des Hundeführers gegenüber seinem Hund erfordert.

International stehen die Deutschen Schäferhunde aber nicht nur im Rettungseinsatz, sondern auch im Rahmen sportlicher Überprüfungen. In der Bundesrepublik Deutschland hat sich in den letzten Jahren eine besondere sportliche Betätigung für Rettungshunde entwickelt. Für den Erhalt von Fitness für Mensch und Hund ist der sportliche Vergleich wichtig. Da ich möglichst alle hundesportlichen Aktivitäten und Prüfungen selber ausprobieren möchte, habe ich mit meinen Rüden Whisky für die Rettungshund-Tauglichkeitsprüfung (RTP) und mit Dexter für die Rettungshund-Eignungsprüfung 1 (RH1) geübt und diese dann auch erfolgreich bei Ortsgruppenprüfungen im Verein für Deutsche Schäferhunde abgelegt.

Arbeit im Trümmerfeld.

Die Rettungshund-Tauglichkeitsprüfung ist ab 15 Monaten möglich, natürlich ist auch hier eine Begleithundprüfung notwendig.
In der Unterordnungsarbeit ist das sichere Überqueren einer ca. 4,50 m langen, etwa 40 cm breiten und ungefähr 40 cm hohen Bohle zu zeigen. Die Bohle ist dabei mit kleinem Kies bestreut. Spektakulär und besonders publikumsträchtig ist die Fährtenarbeit, wird dabei doch ein Feuer mit starker Rauchentwicklung zur Ablenkung entzündet. Hierzu wird extra eine behördliche Genehmigung eingeholt. Die Kondition des Hundes wird im Rahmen eines zehn Kilometer langen Trabens überprüft. Da ich eine bestandene Ausdauerprüfung mit meinem Hund nachweisen konnte, entfiel dieser Prüfungsteil.

Im Lawinengebiet.

Die Rettungshund-Eignungsprüfung, die ab 18 Monaten abgelegt werden kann, besteht aus drei Abteilungen: Der *Fährtenarbeit,* einer *Unterordnungsleistung* sowie zusätzlich dem *Bereich der »Gewandtheit«.* Auf einem drei Mal drei Meter großen »leichten Trümmerfeld« mit unangenehmen Untergrundmaterialien muss sich der Hund unbefangen, souverän und führig zeigen. Sein freies Wesen wird dann bei der Übung Tragen und Übergeben vom Leistungsrichter unter die Lupe genommen. Der Hund wird von seinem Hundeführer auf den Arm genommen und etwa zehn Meter getragen und an einen anderen Hundeführer übergeben. Dieser trägt den Hund weitere zehn Meter und setzt ihn dann auf den Boden, von dort wird er von seinem Hundeführer abgerufen. Der Hund muss sich völlig frei verhalten und darf keinerlei Aggressionen oder Ängste gegenüber anderen Personen zeigen.

Mit meinen ausgebildeten Schutzhunden konnte ich die Prüfungen nach einigen Trainingsstunden mit hoher Punktzahl bestehen; ein Beweis dafür, dass der Deutsche Schäferhund als Schutzhund wesensstark, sicher und nervenfest in vielen unterschiedlichen Bereichen gebrauchstüchtig ist.

Hundehaltung sichert Arbeitsplätze

In den bisherigen Kapiteln haben Sie viel über die Facetten des Deutschen Schäferhunds als Sport-, Familien- und Diensthund, aber auch als eine Art »Co-Therapeut« erfahren. Ein Anspruch auf Vollständigkeit kann dabei nicht erhoben werden. Auf seinem bunten Lebensweg haben wir sowohl in der Zeit des charmanten Welpenzaubers, während der Flegeljahre aber auch in den goldenen Jahren Ein- und Ausblicke erhascht. Bevor wir unseren vierbeinigen Freund auf seinem Weg zum alten Hund begleiten, möchte ich noch auf einen Aspekt hinweisen, der in der öffentlichen Diskussion über die Hundehaltung (egal welcher Rasse) größtenteils unberücksichtigt bleibt.

Der Hundesport sichert in Deutschland und auch anderen Ländern viele zehntausend Arbeitsplätze. Überwiegend in kleinen und mittleren Produktionsbetrieben der Tiernahrungsherstellung und des Zubehörs, im Handel und in verschiedenen Dienstleistungssektoren. Bei Veranstaltungen des Vereins für Deutsche Schäferhunde sind beispielsweise alle verfügbaren Bettenkontingente in Hotels und Pensionen einer ganzen Großraumregion tagelang ausgebucht. Die vielen tausend Besucher einer SV-Bundessiegerzuchtschau oder einer SV-Bundessiegerprüfung bringen zusätzlich eine große Kaufkraft in die Städte und Gemeinden. Hieraus ergeben sich Milliardenumsätze für die Volkswirtschaft. Ökonomische Rahmendaten, auf die man, besonders in schwierigen wirtschaftlichen Zeiten, Politik und Öffentlichkeit hinweisen darf.

V. Der Lebensabend

Vom 8. Lebensjahr bis zum Abschied

Graue Schnauze mit zehn Jahren: Das Arbeiten auf dem Hundeplatz macht noch immer Spaß.

Mein Partner mit der grauen Schnauze – Alter und Abschied

Dem Unausweichlichen auszuweichen
das Unabwendbare
abzuwenden
hieße
das abgefallene Blatt
wieder
an den Baum zu nageln
(Margot Bickel)

Genau wie wir Menschen, so kommt auch der Hund *unabwendbar* »in die Jahre«. Beim Deutschen Schäferhund ist das ungefähr ab dem achten Lebensjahr der Fall. Das ist natürlich nur ein Durchschnittswert und nicht bei jedem Hund genau gleich. Das Altern Ihres Hundes bedeutet allerdings in keiner Weise, dass Sie nun keinen Spaß mehr an und mit ihm haben können. Im Gegenteil, Sie werden erleben, wie unglaublich liebenswert, komisch, anhänglich, bereichernd und noch vieles mehr so ein »älterer Kumpel« sein kann!

Logischerweise gibt es altersbedingte Veränderungen bei Ihrem Vierbeiner und damit zwangsläufig auch für Sie. Aber glauben Sie mir, so aufregend und spannend es ist, einen Welpen und jungen Hund heranwachsen zu sehen, ihn zu erziehen, mit ihm zu leben und zu arbeiten, ebenso interessant, abwechslungsreich und beglückend ist es, einen älter werdenden »Hunde-Freund« in dieser Lebensphase zu begleiten! Sie werden entdecken, dass die Bindung zwischen Ihnen und Ihrem Deutschen Schäferhund noch intensiver und reichhaltiger wird. Also, freuen Sie sich an und mit Ihrem »Partner mit der grauen Schnauze«.

Unsere Hundepopulation wird, ähnlich wie bei uns Menschen, immer älter. Fast jeder dritte Hund in Deutschland ist mittlerweile über sieben Jahre alt und zählt somit zu den Senioren. Im Durchschnitt werden Hunde bei uns ca. elf Jahre alt, wobei Hunde kleinerer Rassen älter werden als die Vertreter von großen Rassen. Die durchschnittliche Lebenserwartung des Deutschen Schäferhundes liegt, bezogen auf die Gesamtpopulation, neuesten Studien zufolge (Saillard, 2000 Enzyklopädie des Deutschen Schäferhundes, Royal Canin) bei 10,6 Jahren. Das gestiegene Lebensalter unserer Hunde resultiert aus einer immer besseren Pflege, ausgewogenem, den jeweiligen Bedürfnissen des Hundes angepasstem Futter, ausreichender Bewegung und Beschäftigung sowie regelmäßigen Kontrollen beim Tierarzt, inklusive Impfungen und anderer prophylaktischer Maßnahmen.

Bevor wir uns jetzt mit den mehr oder weniger sichtbaren Zeichen des beginnenden Alterns beim Hund beschäftigen, möchte ich eines noch vorweg sagen: Ihren Deutschen Schäferhund stört sein Altern nicht im Geringsten – wir Menschen sind es, die sich darüber Sorgen und Gedanken machen! Dem Hund macht es nichts aus, wenn er nicht mehr so schnell wie früher hinter dem von Ihnen geworfenen Stock herlaufen kann. Das Spielen und Toben mit Ihnen bringt ihm deshalb noch genauso viel Spaß wie eh und je! Denken Sie daran, dass das Alter des Hundes viele Vorteile hat. Wichtig ist, dass Sie als Hundehalter dafür sorgen, Geist und Körper Ihres Veteranen fit zu halten.

Körperliche Veränderungen

Zu den deutlich sichtbaren Zeichen des Älterwerdens zählen natürlich die allmählich grau werdenden Haare, insbesondere am Fang und um die Augen. Die Haut verliert an Elastizität, ausgelöst durch den Verlust an Feuchtigkeit, teilweise kommt es zu Hautverdickungen. Die verminderte Regenerationsfähigkeit der Hautzellen bewirkt eine schlechtere Wundheilung. Öfter ist mal die Talgproduktion gestört. Unsere Frana hatte im Alter auf ihrem Rücken immer wieder mal eine völlig mit Talg verstopfte Pore, die sie sich ohne zu murren von uns entfernen ließ. Die Krallen werden mitunter spröde und die Neigung zu

Seniorenschutzdienst.

Liegeschwielen und Hautwarzen nimmt zu. Auch die Zähne sind nicht mehr strahlend weiß wie in jungen Jahren, sondern häufig von Belägen oder gar Zahnstein überzogen. Hier zahlt es sich nun aus, wenn man seinen Hund bereits früh an eine regelmäßige Zahnpflege gewöhnt hat. Den Zahnstein sollte man unbedingt von einem Tierarzt entfernen lassen, da durch ihn sehr oft Entzündungen und Zahnfleischinfektionen entstehen, die für den Hund äußerst schmerzhaft sind und darüber hinaus eine Reihe von Folgeerkrankungen nach sich ziehen können, da sie gewissermaßen den Weg »frei machen« für andere Krankheitskeime, die womöglich Herz, Lunge, Nieren oder Gelenke angreifen.

Der ältere Deutsche Schäferhund hat genetisch bedingt oft eine größere Kälteempfindlichkeit und kann hohe Temperaturen entsprechend schlechter durch sein Hecheln ausgleichen. Nun müssen Sie Ihrem Senior nicht gleich ein Daunenbett oder eine Klimaanlage kaufen, aber für einen konstant warmen, vor Zugluft geschützten Schlafplatz sollten Sie schon sorgen, und falls Ihr Hund beim Spaziergang so richtig tropfnass geworden ist, rubbeln Sie ihn mit einem Handtuch kräftig trocken. Er wird sich diese »Sonderbehandlung« gern gefallen lassen und Ihnen gibt sie die Gelegenheit, den Hund auf etwaige Veränderungen, Verletzungen oder Ähnliches hin eingehend zu betrachten.

Graue Schnauzen? Na und!

Freunde im Alter – niemals allein.

Im Sommer belastet dann die Hitze den älteren Hund oft mehr als in jungen Jahren und es ist ratsam, längere Spaziergänge besser am Morgen oder in den Abendstunden zu unternehmen sowie überhaupt größere körperliche Anstrengungen in der Mittagshitze zu vermeiden. Frana zog deshalb wohl auch ihre Mittagssiesta in einer kühlen Erdmulde – natürlich selbst gebuddelt – im Schatten des Kastanienbaumes in unserem Garten vor.

Einem Punkt, dem man eigentlich immer besonderes Augenmerk schenken sollte, kommt im Alter noch mehr Bedeutung zu: Der Aufenthalt des Hundes im Auto bei sommerlichen Temperaturen. Achten Sie bitte hier besonders auf Ihren vierbeinigen Freund und vermeiden Sie Überhitzungen!

Bei vielen älteren Hunden lassen im Laufe der Jahre die Sinnesorgane mehr und mehr nach, sie hören und sehen schlechter, es kann sogar zu völliger Taubheit oder Erblindung kommen. Wir haben diese Symptome allerdings nicht bei unseren Hunden erlebt. Häufig stellt sich auch eine Verminderung des Geruchssinns ein, mit der meist die Beeinträchtigung des Geschmacksempfindens gekoppelt ist. Das Nachlassen des Riechvermögens ist vielfach der Grund dafür, dass ein Hund schlecht frisst; das Futter riecht eben nicht mehr so attraktiv für ihn. Es kann aber durchaus vorkommen, dass Ihnen die nachlassende Leistung eines Sinnesorgans Ihres Hundes verborgen bleibt, weil er sich nämlich ganz besonders anstrengt, sein beispielsweise mangelndes Sehvermögen durch einen überaus intensiven Einsatz seines Gehörs und Geruchs zu kompensieren. Im Zweifelsfall kann hier nur eine entsprechende Untersuchung beim Tierarzt Klarheit bringen.

Probleme kann es für den Hunde-Senior auch im orthopädischen Bereich geben, damit sind Veränderungen an Gelenken, Sehnen, Bändern oder Muskeln gemeint. Im Alter nimmt zwangsläufig die Muskelmasse ab und wird durch Fettgewebe ersetzt, ebenso tritt eine langsame Entmineralisierung des Skeletts ein, das Knochengewebe wird reduziert. Krankhafte Veränderungen an den Gelenken können sich in Form von Arthritis oder Arthrose einstellen. Amos (fast zehn Jahre alt), der wie beschrieben jetzt bei Freunden in Berlin lebt, hat seit ungefähr drei Jahren eine Arthrose im Ellbogengelenk, deren Auswirkungen durch eine Operation, den Einsatz von Naturheilmitteln (Teufelskralle, Vitamin-Präparate, Physiotherapie usw.), ein spezielles Diät-Futter und natürlich die liebevolle Fürsorge und Pflege seiner Besitzerin deutlich gemildert werden. Seinem schier unbändigen Spieltrieb hat die Erkrankung im Übrigen keinen Abbruch getan, denn wie bereits oben erwähnt: Auch Amos ist es völlig egal, wenn er seine Beißrolle nicht mehr so schnell wie früher oder vielleicht auch mal leicht humpelnd zu seiner Chefin apportiert.

Weitere Altersleiden beim Hund können Herz-Kreislauf-Erkrankungen, eine Verschlechterung der Nierenfunktion, zunehmende Darmträgheit mit Tendenz zu Verstopfungen sowie die Schwächung des Immunsystems sein. Leider gibt es im Alter auch ein erhöhtes Risiko für Geschwulsterkrankungen. Wer sich detaillierter über Erkrankungen des alten Hundes, Behandlungsmöglichkeiten, Prophylaxen und noch vieles mehr informieren möchte, dem sei die entsprechende Fachlektüre empfohlen (z. B.: Volker Wienrich, »Der vitale Hund. Das Ernährungsbuch vom Tierarzt«, Müller Rüschlikon Verlags AG).

Haben Sie jetzt bitte keine Angst, Ihr Hund wird ja ganz bestimmt nicht von *allen* in Frage kommenden Krankheiten heimgesucht, und außerdem haben Sie es in der Hand, den Alterungsprozess und die damit einhergehenden Begleiterscheinungen für Ihren Freund möglichst lange hinauszuschieben. Das beginnt zum Beispiel mit der Vermeidung von Übergewicht, auch Adipositas genannt, bei Ihrem Senior. Ein dicker Hund ist nicht nur kein schöner Anblick, die überflüssigen Kilos beeinträchtigen seine gesamte Lebensqualität und sind darüber hinaus Wegbereiter von beispielsweise Herz-Kreislauf-Erkrankungen oder Verschleißerscheinungen in den Gelenken. Da ältere Hunde meist nicht mehr so viel und intensiv in Bewegung sind wie ihre jungen Kollegen, verbrennen sie auch entsprechend weniger Kalorien. Die nicht benötigten Kalorien werden vom Körper in Fett umgewandelt und erschwerend kommt noch hinzu, dass mit fortschreitendem Alter die angesammelten Fettpolster immer langsamer abgebaut werden. Nun könnten Sie sagen: Das ist doch gar kein Problem, dann gebe ich meinem Hund einfach weniger zu fressen – getreu dem Motto: FdH (Friss die Hälfte). Aber ganz so leicht sollten Sie sich die Entscheidung nicht machen; Futter ist nicht gleich Futter, erst recht nicht im Alter. Das gewohnte Futter zu reduzieren spart zwar Kalorien, gleichzeitig aber auch Vitamine und Mineralstoffe, auf deren Zufuhr gerade der ältere Hund angewiesen ist. Tun Sie Ihrem Hund und damit letztendlich auch sich selbst etwas Gutes, indem Sie ein hochwertiges Senior-Futter verwenden, das ernährungsphysiologisch auf seine veränderten Bedürfnisse zugeschnitten ist. Das heißt, es ist kalorienreduziert, enthält hochwertiges, gut verdauliches Eiweiß (entlastet Leber und Nieren). Ihm sind Spurenelemente, B-Vitamine (wichtig für Fell und Haut) und Vitamin E (Stärkung der Abwehr-

Veteranen-Klasse: Mit 13 Jahren zur Zuchtschau.

kraft) zugesetzt. Der Kalzium-Phosphorgehalt ist genau eingestellt (wichtig, da dessen Regulation durch die Nieren im Alter nicht mehr so gut funktioniert). Es hat eine hohe Akzeptanz, ist leicht vedaulich und trägt zur Zahngesundheit bei. Auf Ergänzungsfuttermittel können Sie dann getrost verzichten, es sei denn, sie sind aus tiermedizinischer Sicht angebracht – diese also bitte nur nach Rücksprache mit dem Tierarzt geben.

Als sinnvoll erweist es sich meist, das Futter für den Hunde-Senior auf zwei bis drei Portionen am Tag zu verteilen. Möchten Sie zwischendurch Leckerlis geben, verringern Sie die anderen Mahlzeiten entsprechend. Füttern Sie insbesondere Ihren älteren Hund nicht mit Süßigkeiten oder Resten Ihrer Mahlzeiten, sondern geben Sie ihm artgerechte Produkte, die zum Beispiel der Gesunderhaltung seiner Zähne dienen, wie Kauknochen, Ochsenziemer oder Ähnliches. Bei manchen Erkrankungen ist außerdem in Absprache mit dem Tierarzt die Verwendung eines bestimmten Diät-Futters ratsam.

Dass der Wassernapf Ihres Hundes rund um die Uhr mit frischem Wasser gefüllt für ihn bereit steht, sollte wohl selbstverständlich sein. Es kann allerdings passieren, dass das gesunde Durstgefühl Ihres alten Freundes nachlässt. Sie können dann etwas nachhelfen, indem Sie das Trockenfutter einweichen oder mehr Dosenfutter geben.

Zum Erhalt der körperlichen Fitness Ihres Hundes gehört natürlich auch die altersadäquate Bewegung im Freien. Sie hält den Kreislauf in Schwung, trainiert die Muskeln, erhält die Beweglichkeit der Gelenke, versorgt den gesamten Organismus mit Sauerstoff und ist gut für die Figur. Prinzipiell gibt es für Ihren älteren Deutschen Schäferhund keine Einschränkungen seiner Bewegungsmöglichkeiten, es sei denn, dass körperliche Beschwerden hier Grenzen setzen. Bei unserer Frana traten im Alter leichte Bandscheibenprobleme auf, da sie aber nach wie vor mit ungebremster Freude auf dem Hundeplatz arbeiten wollte, haben wir eben bei der Unterordnung das Springen beziehungsweise Klettern über Hürde und Kletterwand ausgelassen. Unser Figurant wusste außerdem, dass er beim »Senioren-Schutzdienst« für Frana den Ärmel in rückenfreundlicher Höhe anbieten musste.

Art, Dauer und Intensität der Bewegung sollten dem jeweiligen Hund individuell angepasst sein, wobei Überforderungen zu vermeiden sind. Vorteilhaft sind gleichmäßige, ruhige Bewegungsabläufe wie beim Spazierengehen, Joggen, Schwimmen, Laufen am Fahrrad.

Beim wilden Spielen und Toben mit Ball, Stock oder auch dem Nachbarhund kommt es zwangsläufig zu kurzen, hektischen Bewegungen mit engen Wendungen und abruptem Bremsen, was wiederum unweigerlich zu Lasten von Bändern, Sehnen, Gelenken und Muskeln geht. Um hier möglichen Verletzungen vorzubeugen, macht es Sinn, den Hunde-Senior mit langsamen Bewegungen aufzuwärmen, wie übrigens auch vor dem Training auf dem Hundeplatz, und ihm nach Spiel oder Arbeit Gelegenheit zum Abkühlen zu geben, was beides für jeden Sportler ganz selbstverständlich ist.

Nicht zuletzt hängt das Maß an Bewegung für Ihren alten Deutschen Schäferhund davon ab, wie viel oder wenig körperliche Aktivität er gewöhnt ist. Ein Hund, zu dessen Aktivitäten seit eh und je ausgiebige Spaziergänge, Schwimmen, Spielen, Training auf dem Hundeplatz (ganz gleich in welcher Sparte) gehörten, wird auch im Alter noch Spaß daran haben und Sie natürlich nicht minder! Es gibt zahlreiche Beispiele für ältere Deutsche Schäferhunde, die sowohl auf regionalen als auch auf überregionalen Veranstaltungen, nicht zuletzt aufgrund ihrer Routine, Souveränität und Ausstrahlung, genauso gute oder gar bessere Ergebnisse als ihre jungen »Kollegen« erzielen.

Verhaltensänderungen – geistig-psychische Fitness

»Leben bedeutet Veränderung. Zeit hinterlässt Spuren. Alter erzählt Geschichten.« (Unbekannt)

Bisher haben wir uns mit den körperlichen Veränderungen unseres älter werdenden Deutschen Schäferhundes beschäftigt, es gibt aber ebenso Veränderungen in seinem Verhalten und in seiner geistig-psychischen Fitness. Ganz typisch bei den meisten älteren Hunden ist ein gesteigertes Ruhebedürfnis, sie brauchen einfach mehr Schlaf und Regenerationsmöglichkeiten, und die sollten wir ihnen auch gönnen.

Die Lernfähigkeit des Seniors, seine Flexibilität, Neugier und Bereitschaft, sich auf neue Situationen, Orte oder Personen einzustellen, lassen nach. Für Sie bedeutet das jetzt, mit Fingerspitzengefühl den goldenen Mittelweg zwischen liebevoller Rücksichtnahme und notwendiger Konsequenz zu finden. Stören Sie also Ihren Hund nicht in seinen Ruhephasen und akzeptieren Sie beispielsweise seine Entscheidung, sich zurückzuziehen, weil er genug vom Besuch der Verwandten oder Freunde hat. Seien Sie aber konsequent, wenn es um die Ausführung von Übungen geht, die er schon seit Jahren beherrscht. Unsere »Senioren« scheinen da nämlich mitunter etwas vergesslich zu werden und neigen dazu, so ihren eigenen Stil bei der Arbeit zu entwickeln. Bleiben Sie also »am Ball« und lassen Sie nicht alles durchgehen, es sei denn, dass körperliche Beschwerden vorliegen.

Frana beispielsweise entwickelte im Alter zunehmend die Neigung, insbesondere beim Schutzdienst schon mal mit der nächsten Übung zu beginnen, obwohl noch gar kein Hörzeichen erfolgt war. Sie kannte natürlich aus langer Erfahrung den Ablauf und nahm sich die Freiheit des selbstständigen Handelns. Zugegebenermaßen ist es gar nicht immer so leicht, in solchen Situationen den nötigen Ernst zu bewahren, denn die individuelle »Schrulligkeit« von alten Hunden hat durchaus ihre komischen Züge, und unsere Neigung, ihnen diese nachzusehen, ist oftmals recht hoch! Ich gebe jedenfalls unumwunden zu, dass wir auch nicht in allen Fällen mit der entsprechenden Konsequenz reagiert haben – aber wer tut das schon!? Außerdem war Frana zu diesem Zeitpunkt sozusagen bereits ein »pensionierter Hund«. Sie nahm nicht mehr an Prüfungen teil und machte Hundesport wirklich nur noch »just for fun«. Da kann man dann schon etwas nachsichtiger sein und schließlich machen ja diese Altersmarotten, in aller Regel zumindest, unseren Deutschen Schäferhund für uns noch liebenswerter.

Es kann allerdings manchmal zu Verhaltensänderungen kommen, die weniger lustig sind, wie völliges Desinteresse, aggressive Reaktionen ohne ersichtlichen Grund, nächtliche Unruhe, ständiges Jaulen oder Bellen und so weiter. Hier ist zwingend der Besuch des Tierarztes angezeigt, der mittels entsprechender Untersuchungen die Ursachen solcher Veränderungen erkennen kann, um diese dann zu behandeln. Da in der Tier- wie in der Humanmedizin der Zweig der Geriatrie zu finden ist mit all ihren vielfältigen Untersuchungs- und Behandlungsmöglichkeiten, hat eben auch unser Vierbeiner die Chance, sich als Hunde-Senior bis ins hohe Alter seine körperliche und geistige Fitness zu erhalten. Wenn Sie also das Gefühl haben, dass es sich bei Ihrem Deutschen

10 Jahre und kein bisschen greise: Topleistung auf der Bundessiegerprüfung.

Schäferhund um mehr als die normalen Macken des Alters handelt, konsultieren Sie einen Tierarzt, nur auf diese Weise bekommen Sie Gewissheit darüber, ob vielleicht eine organische Erkrankung hinter der Verhaltensänderung steckt.

Darüber hinaus sollten Sie Ihren »grauen Freund« ungefähr ab seinem achten Lebensjahr einmal pro Jahr gewissermaßen zu einer »Hunde-Altersvorsorge« in einer Tierarzt-Praxis vorstellen, dies kann man gut mit der jährlichen Impfung kombinieren.

Aber kommen wir zurück zur Psyche unseres älter werdenden Partners und dem, was Sie für ihn und seine geistige Fitness tun können.

Sorgen Sie zum Beispiel für einen möglichst klar strukturierten Tagesablauf mit (soweit es eben geht) festen Zeiten für Spaziergänge, Fressen, Streicheleinheiten, Ruhephasen, Spielen, Arbeiten, Pflege usw. Bedenken Sie, dass seine Flexibilität, sich auf ständig wechselnde Situationen einzustellen, nicht mehr so groß ist wie früher. Dies sollten Sie auch bei der Planung von Urlaub und Freizeit berücksichtigen und beispielsweise nicht gerade Ihrem zehnjährigen Hund eine Flugreise zumuten, vor allem nicht, wenn er solches bis dahin nie getan hat. Ähnlich verhält es sich mit der Unterbringung in einer Hundepension. Wenn Ihr Hund vorher nie in einer war, sollten Sie im Alter nicht unbedingt damit anfangen. Ist er es dagegen von klein auf gewöhnt, wird er sich normalerweise auch als Senior dort wohl fühlen. Verbringen Sie so viel Zeit mit Ihrem Hund wie möglich, es ist mit das Schönste und Beste, was Sie für ihn tun können! Aber natürlich sollten Sie ihm dabei auch immer wieder Anregungen und Beschäftigungen bieten, die seine geistige Fitness erhalten. Die verschiedenen Hundesport-Arten bieten dafür eine Fülle an Möglichkeiten, es kommt ja nicht mehr darauf an, der Beste zu sein, und Sie können die Übungen für Ihren Hund entsprechend variieren oder auch manche ganz auslassen.

Gerade die Fährtenarbeit ist beim Deutschen Schäferhund fast schon eine Domäne der Senioren, die hier auch bei Prüfungen oft noch die Nase buchstäblich ganz vorne haben.

Wichtig ist in jedem Fall, dass Ihr Hund Spaß an der Beschäftigung sowie Erfolgserlebnisse hat, und bringen Sie ihm immer wieder mal neue Übungen und Spiele bei. Das erhält seine Konzentrationsfähigkeit und ist interessanter für ihn, als dauernd nur längst Bekanntes nach Schema abzuspulen.

Setzen Sie Ihre Fantasie ein, denken Sie sich Neues aus und variieren Sie Bekanntes. Bringen Sie Ihrem Hund beispielsweise bei, verschiedene Gegenstände auf Hörzeichen zu apportieren (Ball, Beißrolle, Stofftier, Hausschuh etc.).

Es können auch kleine »Kunststücke« sein, die man durchaus im normalen Alltagsleben gut gebrauchen kann. Sowohl früher unser Amos wie jetzt unser Eik haben beim Trockenrubbeln mit dem Handtuch gelernt, uns auf die Hörzeichen »rechte Pfote«, »linke Pfote« tatsächlich die entsprechende Pfote entgegenzustrecken. Entwickeln Sie für Ihren alten Freund ein individuelles mentales Fitnessprogramm, das Ihnen beiden Spaß macht!

Als wahrer »Fitmacher« erweist es sich mitunter, beizeiten einen zweiten, jungen Hund anzuschaffen. Das sollte aber am besten geschehen, wenn der Senior noch nicht allzu alt ist (sieben bis acht Jahre), damit er sich noch mit voller Kraft auf den Neuen einstellen kann, dann können die beiden Hunde-Generationen viel voneinander profitieren, beziehungsweise sich ergänzen. Wir haben solche Konstellationen schon seit vielen Jahren immer wieder bei unseren Hunden und haben damit durchweg positive Erfahrungen gemacht. Frana hat so manchen jungen Hund, der zu uns ins Haus kam, mit erzogen und wenn es nötig war, auch mal in die Schranken verwiesen. Sie war dabei ganz offensichtlich für alle eine absolute »Respektsperson«. Sie spielte und tobte mit den »Jungen« wild und ausgelassen, gab ihnen aber auch klar zu verstehen, wenn sie genug hatte und in Ruhe gelassen werden wollte.

Falls also bei Ihnen die Voraussetzungen (Zeit, Platz, Kostenfrage etc.) für einen zweiten Hund gegeben sind, ist dies bestimmt eine Überlegung wert. Ich habe wiederholt gehört, dass ein zweiter Hund schlecht für die Leistungsprüfungen wäre, die Hunde würden stark abhängig voneinander oder sich gegenseitig nicht zur Entfaltung kommen lassen. Dies mag bestimmt auch manchmal so sein, ich habe aber andere Erfahrungen gesammelt und unter unseren Lebensbedingungen für mich sehr schöne Erfolge auf Landes- oder auch Bundeswettbewerben erreicht. Der junge Kollege kann darüber hinaus auch allein durch seine Anwesenheit ein wunderbarer »Tröster« sein, wenn wir uns von unserem alten Partner verabschieden müssen …

Abschied und Tod

»Wir müssen das Loslassen lernen. Es ist die größte Lektion des Lebens« (J. Schlosser)

Wie so oft machte ich am Wochenende nachmittags einen langen Waldspaziergang mit meinem Rüden Whisky, den ich zwei Jahre zuvor von einem Hundesportler gekauft hatte. Den Namen »Whisky« mochte ich übrigens am Anfang nicht besonders, mittlerweile habe ich mich aber daran gewöhnt. Der Rüde kannte das ausgelassene Toben und Spielen im Wald in seiner Jugend nicht, fand allerdings im Laufe der Zeit immer mehr Vergnügen daran, durch einen kleinen Wildbach zu laufen und hinter einem weggeworfenen Stock herzujagen. Vor allem das anschließende Kämpfen um den Stock machte ihm großen Spaß, da er stets gewann – ein Spiel, das Trieb und Selbstsicherheit auch noch bei ihm als älteren Hund förderte.
Unserem munteren Spielen schaute ein Mann zu, der nach einigen Minuten auf uns zukam und uns ansprach. »Ich kann Ihrem Spielen mit dem Hund gar nicht zuschauen, ich kann aber auch nicht wegschauen. Vor einigen Wochen habe ich meinen Berner Sennenhund mit neun Jahren verloren, ich kann die Trauer noch immer nicht überwinden.« Jene ganz zufällige Begegnung war bei mir Impulsgeber für dieses wichtige, emotionale Kapitel.
Ich konnte diesen Mann und seine Trauer über den schmerzhaften Verlust sehr gut verstehen, eine Erfahrung, die ich ja selber auch schon mehrmals durchlitten hatte. Für Nicht-Hundehalter sind der Schmerz und die tiefe Traurigkeit, die Menschen über den Tod eines geliebten, über viele Jahre zu ihrem Leben gehörenden Hundes empfinden, oft nur schwer nachvollziehbar. Es ist aber ganz wichtig, dass wir diese schmerzlichen Emotionen zulassen und ausleben, denn nur wenn wir das tun, sind wir fähig, wirklich loszulassen und Abschied zu nehmen, wobei loslassen nicht vergessen bedeutet. Im Gegenteil – Sie werden beim Lesen dieses Buches ja ständig mit unseren Erinnerungen an Frana konfrontiert, woran Sie unschwer erkennen können, wie präsent sie für unsere gesamte Familie nach wie vor ist und wie gerne wir an sie denken. In dieser tiefen Trauer ist es natürlich sehr wohltuend und hilfreich, wenn wir Menschen um uns haben, die unsere emotionale Lage verstehen und akzeptieren, bei denen wir uns auch mal ausweinen können, denn: *»Tränen, Gefühle und Gespräche schmelzen den Eisberg der Trauer«* (Christel Zachert).
Ein anderes großes Problem, vor das wir im Zusammenhang mit Krankheit und möglichem Tod unseres vierbeinigen Freundes häufig gestellt werden, ist die Frage der Sterbehilfe. Die Entscheidung, den Zeitpunkt für die erlösende Spritze bestimmen zu müssen, macht vielen Menschen fast noch mehr Angst als ein natürlich eintretender Tod. Hier bedarf es der fachlichen sowie einfühlsamen Beratung und Betreuung durch Ihren Tierarzt, vor allem aber auch Ihrer persönlichen Intuition. Sie haben die innigste und längste Bindung zu Ihrem Hund, weshalb Sie seine Signale, wenn es so weit ist, verstehen werden und dann entsprechend handeln. Sie werden jetzt vielleicht sagen: »Nein, das ist so schlimm, und ich liebe meinen Hund. So etwas kann ich nicht«. Doch, Sie können es, gerade, *weil* Sie Ihren Hund so sehr lieben und Sie nicht wollen, dass er unnötig leidet und Schmerzen hat! *Weil* Sie Verantwortung für Ihren alten Freund haben, der Sie über viele Jahre treu begleitet hat, *weil* eine Menge schöner gemeinsamer Erlebnisse und Erfahrungen Sie mit ihm verbinden – und zwar auch dann noch, wenn er nicht mehr bei Ihnen ist!

Ich bin jedenfalls der Meinung, dass wir unseren Hund auf diesem Weg, wenn er notwendig ist, begleiten sollten und zwar genauso selbstverständlich wie er uns immer begleitet hat, das sind wir ihm einfach schuldig, so schwer es auch immer sein mag. Ihr Tierarzt wird in diesem Fall sicherlich auch zu Ihnen ins Haus kommen, damit Ihr Hund in seiner gewohnten Umgebung bleiben kann. Die erste Spritze betäubt den Hund, ähnlich wie bei der Vorbereitung zu einer Operation wird er narkotisiert, die zweite Spritze bringt ihm einen schnellen, sanften, schmerzlosen Tod durch Herzstillstand.

Wahrscheinlich hofft jeder von uns, dass ihm diese Entscheidung über Leben und Tod erspart bleibt, löst sie doch nicht zuletzt auch oft erhebliche Gewissenskonflikte aus, denn wir müssen ja ganz bewusst diese wunderbare Beziehung beenden. Aber es ist eben nicht immer so, dass unser alter Freund selber quasi die Entscheidung trifft.

Ich will in diesem Kapitel ein letztes Mal – wie könnte es anders sein – auf Frana zu sprechen kommen und die Geschichte ihres Abschieds erzählen.

Frana hatte bekanntlich eine Magendrehung, die durch eine Operation erfolgreich behandelt wurde. Der Tierarzt hatte uns allerdings auch gesagt, dass durch die Magendrehung eventuell andere innere Organe langfristig in ihrer Funktion beeinträchtigt worden sein könnten, wie Milz oder Leber, aber natürlich auch der Magen selbst. Ungefähr drei Jahre nach der Operation zeigten sich dann leider erste Symptome. Frana musste häufig erbrechen und es kam auch schon mal vor, dass sie ihr Futter gar nicht anrührte. Dazu muss man wissen, dass Frana Zeit ihres Lebens leidenschaftlich gern – ganz egal welches Futter – gefressen hat und ihre Schüssel vehement gegen jeden anderen Hund bei uns im Haus verteidigte. Jetzt konnte es allerdings passieren, dass sie tatenlos zusah, wenn Amos sich für ihr Fressen interessierte. Beim Tierarzt bekam sie mehrere Spritzen, die eine deutliche Besserung ihres Zustands bewirkten, sie zeigte wieder mehr Appetit und war insgesamt munterer und agiler. Wir hofften und vertrauten auf ihre doch grundsätzlich so robuste Konstitution! Nach und nach stellten sich aber die beschriebenen Symptome wieder ein, sie fraß immer weniger, verlor natürlich dadurch an Gewicht, sie schlief sehr viel und hatte nur noch selten Spaß am sonst so heiß geliebten Spielen und Toben mit mir. Mittels besonderer Leckerbissen (z. B. Tartar mit Ei) versuchten wir, ihren Appetit anzuregen und freuten uns, wenn sie davon fraß. Leider musste ich dann beruflich für vierzehn Tage ins Ausland reisen und meine Frau kümmerte sich um unsere Hunde, insbesondere um Frana, weshalb sie jetzt den weiteren Verlauf schildern wird:

»Nachdem mein Mann zu seiner Reise aufgebrochen war, habe ich mich zu Frana gesetzt, sie gestreichelt und ihr erzählt, dass Heiko ja bald wiederkommen würde. Frana und mein Mann, das war immer ein ganz besonderes Verhältnis! Die Hündin begrüßte zwar jedes Familienmitglied freudig und freundlich, aber eine derart enthusiastische und stürmische Begrüßung wie meinem Mann wurde uns nicht zuteil. Wenn ihr »Chef« das Haus betrat, waren alle anderen nicht mehr so wichtig und das war auch gut so, ich habe sie darum nicht weniger geliebt! Ich hoffte inständig, dass Franas Zustand bis zur Rückkehr meines Mannes einigermaßen stabil bleiben würde. Natürlich hatten wir uns vorher darüber unterhalten, was bei einer Verschlechterung zu tun wäre, und mein Mann hatte mir versichert, dass ich schon die richtige Entscheidung zum richtigen Zeitpunkt treffen würde. Aber ich wollte am liebsten gar keine Entscheidung treffen müssen. Das Krankheitsbild der Hündin verschlechterte sich weiter, wenn sie überhaupt etwas fraß, so musste sie meist bald danach erbrechen. Da es Sommer war, lag sie fast den ganzen Tag über im Garten und schlief, unsere Spaziergänge wurden immer kürzer, sie wurde zusehends schwächer. Mir wurde jetzt bewusst, dass Frana nicht mehr lange zu leben hatte, und ich wahrscheinlich bald eine Entscheidung treffen musste, um ihr unnötiges Leiden zu ersparen, dennoch war die Vorstellung, Frana zu verlieren, kaum zu ertragen. Mir war klar, was passieren musste, aber mein Herz wollte das eigentlich nicht akzeptieren. Immer wieder habe ich

Staffelübergabe – ein neuer Lebensbogen beginnt

mich zu Frana gesetzt, sie gekrault, ihren Kopf im Arm gehalten und mit ihr »gesprochen«, wohl wissend, dass ich das alles bald nicht mehr können würde.
Dann kam jener Abend, an dem Frana mir ganz deutlich zeigte, dass sie nicht mehr konnte. Als mein Mann anrief, um sich nach ihrem Befinden zu erkundigen, sagte ich ihm, dass es wohl das Beste für Frana sei, wenn ich am nächsten Morgen den Tierarzt verständigen würde. So traf er schließlich diese letzte Entscheidung für seinen Hund weit entfernt von ihr. Frana lag auf ihrer Decke im Wohnzimmer und ich saß an diesem Abend noch lange bei ihr – es würde ja unser letzter gemeinsamer Abend sein. Irgendwann bin ich ins Bett gegangen, konnte aber keine Ruhe finden und schon gar nicht schlafen, ich wollte lieber bei Frana sein. Als ich nach knapp einer Stunde zurück ins Wohnzimmer kam, war Frana gestorben – sie hatte uns die Entscheidung abgenommen.
Ich weiß nicht, worüber ich mehr geweint habe, über Franas Tod oder die Tatsache, dass ich in den letzten Momenten nicht bei ihr war. Aber ich glaube, sie hat gewartet, bis sie für sich allein war. Die Stunden bis zum nächsten Morgen waren furchtbar für mich, obwohl Amos sich als liebevoller Tröster erwies. Mir fielen in dieser Situation wieder die Sätze von Herta von Stephanitz (Tochter des Vereinsgründers) ein, die als Trost für den Verlust des geliebten Hundes empfiehlt:

»Sofort ein neues Jungtier erwerben, denn unsere Liebe gilt ja ein für allemal dem Deutschen Schäferhund!«

»Ich war froh, dass Amos da war, und irgendwie lebte Frana in ihrem Enkel ja auch weiter! Aus meinem Herzen und meinen Gedanken kann sie ohnehin nichts und niemand vertreiben!«

Als meine Frau mich in Finnland anrief, um mir alles zu erzählen, hielt ich unsere Reisegruppe mit den Wohnmobilen an und bat um eine »Auszeit«. Ich lief über eine

Stunde in einen finnischen Wald, rannte und weinte, rannte und weinte weiter. Ich musste die tiefste und engste Freundschaft zu einem vierbeinigen Wesen loslassen. Die Teilnehmer unserer Reisegruppe konnten mich verstehen, hatten doch vier von ihnen selber Hunde unterschiedlicher Rassen.
Wir haben Frana an ihrem Lieblingsplatz unter der Kastanie in unserem Garten begraben, dort haben sich nach einiger Zeit ohne unser Zutun Vergissmeinnicht-Pflanzen ausgesät – Zufall? Oder?
(Übrigens: In der Schweiz ist es von Gesetzes wegen verboten, Haustiere zu begraben. Dort gibt es mittlerweile flächendeckend Tierkrematorien. Jeder Tierarzt vermittelt Adressen und kann dem Hundefreund weiterhelfen. Der Besitzer kann dann entscheiden, ob er die Asche seines Hundes haben möchte. Eine Bestattung der Asche ist erlaubt, sonst wird sie dort dem Kreislauf der Natur zurückgegeben.)

Frana hat meine Liebe zum Deutschen Schäferhund geprägt. Eine Faszination, die es mir ermöglichte, wieder den neuen Lebensbilderbogen eines Deutschen Schäferhunds vom Welpen bis zum Gebrauchshund mitzuerleben.

Schlusswort

»Wenn du in Washington einen Freund haben willst, musst du dir einen Hund zulegen« (Harry S. Truman, 1884–1972, Präsident der Vereinigten Staaten von Amerika)

Sie haben mit diesem Buch jetzt über viele Seiten und Stunden die historische Entwicklung einer einzigartigen Hunderasse und im Speziellen auch das Leben eines Deutschen Schäferhundes begleitet. Ich hoffe, Sie können viele Aspekte für das Zusammenleben mit Ihrem Hund nutzen und auch von den Tipps profitieren. Vielleicht gelingt es Ihnen, Ihren Hund intensiver zu verstehen und sein Verhalten zu »lesen«. Es ist wohl eine besonders innige Beziehung, die das Zusammenleben zwischen Mensch und Hund prägt. Komme ich zum Anfang des Buches zurück, so bleibt für mich die Liebe, das Vertrauen und die Konsequenz das Wichtigste. Ihr Deutscher Schäferhund wird es Ihnen durch eine lebenslange und ehrliche Freundschaft danken.

Dieses Buch über den Deutschen Schäferhund ist meinem ersten Hund, der Hündin Frana vom Schwarzen Brink, gewidmet. Sie war eine lebhafte, vitale und wesensstarke Deutsche Schäferhündin, die mitten in unserer Familie aufwuchs, lebte und im Alter von zehn Jahren auch starb.
Schon als Kind war ich von der Rasse angetan, durch Frana entwickelte sich daraus eine Faszination für Hunde im Allgemeinen und zum Deutschen Schäferhund im Speziellen. Die Ausbildung dieser Hunde wurde zu einem wunderbaren Hobby. Wir haben keine großartigen Erfolge gehabt, aber unsere Harmonie und Vertrauen waren wertvoller als alle Preise oder Pokale. Auf unseren gemeinsamen langen Waldspaziergängen bekam ich zudem ein ganz neues und bewusstes Empfinden für die Natur.
Meine Hündin wird mir stets unvergessen bleiben, sie hat einen festen Platz in meinem Herzen. Wir haben eine wunderbare gemeinsame Zeit miteinander verleben dürfen.

VI. Anhang

Wichtige Adressen

Deutschland

Verein für Deutsche Schäferhunde
Hauptgeschäftsstelle
Steinerne Furt 71/71a
86167 Augsburg
Tel.: +49 (08 21) 7 40 02-0
Fax: +49 (08 21) 7 40 02-903 (Sekretariat)
Internet: *www.schaeferhund.de*
E-Mail: *info@schaeferhunde.de*

Verband für das Deutsche Hundewesen (VDH)
Westfalendamm 174
44141 Dortmund
Tel.: +49 (02 31) 5 65 00-0
Fax: +49 (02 31) 59 24 40
Internet: *www.vdh.de*
E-Mail: *info@vdh.de*

Österreich

Österreichischer Verein für Deutsche Schäferhunde (SVÖ)
Hauptgeschäftsstelle
A-1140 Wien
Linzerstr. 342
Tel.: +43 (01) 9 14 22 49

SVÖ-Verwaltung und Zuchtbuch
Postfach 29
A 5071 Wals
Tel.: +43 (06 62) 85 09 40
Fax: +43 (06 62) 85 04 60
Internet: *www.schaeferhund.at*
E-Mail: *strasser@schaeferhund.at*

Österreichischer Kynologenverband (ÖKV)
Johann-Teufel-Gasse 8
A-1230 Wien
Tel.: +43 (01) 8 88 70 92
Fax: +43 (01) 8 89 26 21
Internet: *www.oekv.at*
E-Mail: *Office@oekv.at*

Schweiz

Schweizerischer Schäferhund-Club (SC)
Club suisse du berger allemand (BA)
Presse- und Informationsstelle
Eggweg 1
CH-4426 Lauwil
Tel.: +41 (0 61) 9 43 90 86
Fax: +41 (0 61) 9 43 30 87
Internet: *www.schaeferhund.ch*
E-Mail: *info@schaeferhund.ch*

Schweizerische Kynologische Gesellschaft (SKG)
Länggassstraße 8
CH-3001 Bern
Tel. :+41 (0 31) 3 06 62 62
Fax: +41 (031) 3 06 62 60
Internet: *www.hundeweb.org*
E-Mail: *skg@hundeweb.org*

Literaturverzeichnis

Die nachfolgend aufgeführte Literatur gab mir wertvolle Denkanstöße, Impulse und Informationen für die Arbeit an diesem Buch.

- Aldington, Eric H.W.: *Von der Seele des Hundes,* Weiden 1988
- Bickel, Margot: *Wage zu Träumen,* Freiburg 1982
- De Saint-Exupéry, Antoine: *Der Kleine Prinz,* Düsseldorf 1982
- Duve, Karen/Völker, Thies: *Lexikon der berühmten Tiere,* München 1999
- Getty, Hullton: *Hundebabys,* München 2003
- Leven, Christian (Hrsg.): *Worte zum Wohlfühlen,* Freiburg 1999/2002
- Lorenz, Konrad: *So kam der Mensch auf den Hund,* München 1979
- Müller, Manfred: *Der leistungsstarke Fährtenhund,* Reutlingen 1996
- Publishing, Aniwa (Hrsg.): *Enzyklopädie des Deutschen Schäferhundes,* Fratelli 2003
- Raiser Dr., Helmut: *Der Schutzhund,* Hamburg-Berlin 1981
- Schlegl-Kofler, Katharina: *Unser Welpe,* München 2003
- Stephanitz von, Herta: *Der Deutsche Schäferhund,* Minden
- Stephanitz von, Max: *Die Beurteilung des Deutschen Schäferhundes.* Augsburg 1974
- Stephanitz von, Max: *Der Deutsche Schäferhund in Wort und Bild (1–4),* Augsburg 1991
- Trumler, Eberhard: *Hunde ernst genommen,* München 1999
- VDH: *Geschäftsbericht 2003,* Dortmund 2003
- Vennebusch, Thekla: *Auf gute alte Tage,* Lüneburg 2000
- Verein für Deutsche Schäferhunde: *Handbuch der Kynologie,* Augsburg 2003
- Verein für Deutsche Schäferhunde: *Taschenkalender,* Augsburg 2004
- Zabel, Ursula: *Der Deutsche Schäferhund, Die 50 wichtigsten Fragen,* Cham 2001
- Zachert, Christel: *Fasse neuen Mut,* München 2000

12 Goldene Regeln für Kinder im Umgang mit dem Hund

1. Regel:

Behandle einen Hund so, wie Du selbst behandelt werden möchtest.

2. Regel:

Ein Hund kann noch so lieb aussehen. Gehe nicht (ohne zu fragen) zu ihm hin.

3. Regel:

Vermeide alles, was ein Hund als Bedrohung auffassen könnte.

4. Regel:

Schau einem Hund nicht starr in die Augen.

5. Regel:

Komm nicht in die Schwanznähe, versuche nicht daran zu ziehen und trete nicht darauf.

6. Regel:

Störe keinen Hund beim Fressen. Versuche unter gar keinen Umständen, ihm sein Futter wegzunehmen.

7. Regel:

Wenn Du mit einem Hund spielst, achte darauf, den Zähnen nicht zu nahe zu kommen.

8. Regel:

Versuche nie, raufende Hunde zu trennen.

9. Regel:

Egal, ob Du Angst hast oder nicht. Laufe nie – unter gar keinen Umständen – vor einem Hund davon.

10. Regel:

Du hast zwei Hände. Der Hund hat nur seine Zähne, um etwas festzuhalten.

11. Regel:

Wenn Du mit einem Hund spielst, achte sicherheitshalber darauf, dass ein Erwachsener in der Nähe ist.

12. Regel:

Kein Hund ist wie der andere.

Wenn Du Dich nach diesen Regeln richtest, dürfte es mit Hunden keine Probleme geben.

(Quelle: »SV und VDH empfehlen Kindern 12 Goldene Regeln im Umgang mit Kindern«. Die Broschüre ist beim Verein für Deutsche Schäferhunde e. V. (SV) und beim Verband für das Deutsche Hundewesen e. V. zu erhalten.

Die 12 Goldenen Regeln für Kinder: Eine wirklich sehr gute Initiative des SV und des VDH!

Verzeichnis der SV-Welpenvermittlungsstellen in Deutschland

Stand Mai 2004. Ansprechpartner, Adressen und Telefonnummern können sich ändern. Auf der Internetseite des Vereins für Deutsche Schäferhunde (*www.schaeferhund.de*) können Sie die angegebenen Daten aktuell überprüfen.

LG Hamburg/ Schleswig-Holstein (1)

Waltraud Behrens
Westerladekop 90
21635 York
Tel.: (0 41 62) 73 99

Anna Lange
Radickestr. 16
21079 Hamburg
Tel.: (0 40) 7 64 33 00

Rudolf Steenbock
Dovenkamp 30
22952 Lütjensee
Tel.: (0 41 54) 76 09

Felix Streck
Pinneberger Str. 50
25451 Quickborn
Tel.: (0 41 06) 6 92 74

LG Berlin-Brandenburg (2)

Frank Goldlust
Landsberger Str. 213
12623 Berlin
Tel. + Fax: (0 30) 5 66 90 17

Joachim Bratke
Wannseestr. 24
14532 Stahnsdorf
Tel.: (0 33 29) 61 04 34

LG Niedersachsen (3)

Bruno Eierund
Neue Str. 11–12
31191 Algermissen
Tel.: (0 51 26) 20 72
und (0 51 26) 23 41
und 01 71-7 44 43 43
Fax: (0 51 26) 25 15

Otto Körber-Ahrens
Angerstr. 15
37574 Einbeck
Tel.: (0 55 61) 8 18 97
E-Mail: ottokoerberahrens@gmx.de

Carl Semler
Fritz-Reuter-Str. 13a
29664 Walsrode
Tel.: (0 51 61) 56 55

LG Waterkant (4)

Bernhard Erdmann
Hahler Weg 65
26871 Schwanewede
Tel.: (0 42 09) 8 80

Bernhard Norda
Umländerwiek lks. 23
26871 Papenburg
Tel.: (0 49 61) 78 93
E-Mail: bernhard.norda@ewetel.net

LG Nordrheinland (5)

Hans-Peter Fetten
Am Finkenschlag 39
41069 Mönchengladbach
Tel.: (0 21 61) 54 27 98

Heinz-Willi Pöttgens
Rimburger Str. 55a
52531 ‹bach-Palenberg
Tel.: (0 24 51) 4 33 61

LG Westfalen (6)

Wolfgang Babilon
Kesberner Str. 36
58644 Iserlohn
Tel.: (0 23 71) 6 02 90

LG Ostwestfalen-Lippe (7)

Hans-Joachim Dux
Thüler Feld 14
33154 Salzkotten
Tel.: (0 52 58) 16 59
Fax: (0 52 58) 93 34 76
E-Mail: h.j.dux@t.online.de

LG Hessen-Süd (8)

Heinz Hühn
Am Sportplatz 5
63584 Gründau
Tel.: (0 60 51) 33 21
E-Mail: heinz.huehn@tiscalinet.de

Günther Bauer
Schumannstr. 12
68647 Biblis
Tel.: (0 62 45) 83 11

LG Hessen-Nord (9)

Reinhardt Meyer
Lochbornweg 28
34582 Borken
Tel.: (0 56 82) 28 80
und 01 72-5 68 21 99
Fax: (0 56 82) 43 60
E-Mail: reimey@aol.com

LG Rheinland-Pfalz (10)

Christel Scheerer
Heister-Sturm-Str. 6
56357 Geisig
Tel.: (0 67 76) 7 29
Fax: (0 67 76) 95 10 58

LG Saarland (11)

Gottfried Schappert
An der Kiesgrube 14
66424 Homburg-Beeden
Tel.: (0 68 41) 6 23 40

LG Baden (12)

Leonhard Schweikert
Im Mittelzelche 51
68753 Waghäusel
Tel.: (0 72 54) 84 70 (privat)
und (0 72 54) 10 76 (geschäftl.)
Fax: (0 72 54) 84 74

Jürgen Heimburger
Rittmattenhof
77933 Lahr
Tel.: (0 78 21) 95 62 74

LG Württemberg (13)

Hans-Peter Rieker
Steigstr. 35
73101 Aichelberg
Tel.: (0 71 64) 73 61
Fax: (0 71 64) 13 08 82
E-Mail: hans-peter.rieker@t-online.de

LG Bayern-Nord (14)

Erich Bösl
Kreither Str. 8
92421 Schwandorf
Tel.: (0 94 31) 28 02 (privat)
und (0 94 31) 47 14 11 (geschäftl.)
Fax: (0 94 31) 83 90
E-Mail: erich.boesl@sadnet.de

Erich Orschler
Am Gries 6
96472 Rödental
Tel.: (0 95 63) 72 92 24
oder 01 71-4 33 00 97
Fax: (0 95 63) 72 92 25
E-Mail: erich.orschler@t-online.de

Ernst Rückert
Freundstr. 23
63743 Aschaffenburg
Tel.: (0 60 21) 9 53 09 (privat)
und (0 60 21) 6 60 34 (geschäftl.)
Fax: (0 60 21) 6 60 35

Walter Rügamer
Am Goldberg 36
97318 Kitzingen
Tel.: (0 93 21) 3 33 45

LG Bayern-Süd (15)

Johann Mayer
Römerweg 8
84056 Rottenburg a. d. L.
Tel.: (0 87 81) 16 63
E-Mail: J.Mayer-Rottenburg@t-online.de

LG Thüringen (17)

Gerhard Kaiser
Cospedaer Grund 11
07743 Jena
Tel.: (0 36 41) 44 78 79

Alexander Schroth
Bahren 7
07389 Peuschen
Tel.: (0 36 47) 41 79 99

Günter Knorr
Strafle der Einheit 81
07586 Kraftsdorf
Tel.: (03 66 06) 8 45 23

Christin Gothe
Fichtestr. 41
99734 Nordhausen
Tel.: (0 36 31) 98 62 84

LG Sachsen (18)

Helga Pilz
Lutherstr. 9c
01900 Groflröhrsdorf
Tel.: (03 59 52) 3 24 45

Andreas Rudolph
Tannengrund 6
08459 Neukirchen
Tel.: (0 37 62) 21 60
E-Mail: pillepalle16@hotmail.com

Joachim Stiegler
H.-Schubert-Str. 13
09337 Hohenstein-Ernstthal
Tel.: (0 37 23) 71 12 12
oder 01 72-7 93 04 00

LG Sachsen-Anhalt (19)

Hermann Barthel
Inselstr. 9
39418 Staflfurt
Tel.: (0 39 25) 32 54 59

LG Mecklenburg-Vorpommern (20)

Anke Kopp
Landweg 2
19386 Vietlübbe
Tel.: (03 87 33) 2 04 05

(Quelle: Verein für Deutsche Schäferhunde (SV) e. V.)

Rasse-Echtheitszertifikat des Vereins für Deutsche Schäferhunde (SV)

VEREIN FÜR DEUTSCHE SCHÄFERHUNDE (SV) E.V.

Rasse-Echtheitszertifikat

Körzucht-Leistungszucht-Ahnentafel

Nur für Studienzwecke

für den Deutschen Schäferhund Uran vom Wildsteiger Land

Geschlecht: Rüde Haarart: stockhaarig
Farbe und Abzeichen: schwarz, gelbe Abzeichen

Besondere Kennzeichen: Tätowier-Nr.: R-K 1950
Wurftag: 12.März 1981 Wurfjahr: NEUNZEHNHUNDERTEINUNDACHTZIG

Züchter: Martin Göbl
Anschrift: Schildschwaig 10, 82409 Wildsteig

Inzucht auf:	Geschwister:
Quanto Wienerau (4,5-5) *Gitta Asterplatz (5-)- Liane Wienerau (-5)*	Ulan sgA a1/ Ully sgA SchH1 a1,SG/ Utz sgA a2/ *Ulla sgA SchH3 a1,V/ *Ulme sgA SchH3 a1,VA/ Ursula sgA a1/ *Ute sgA SchH2 a1,V/

Erläuterung über Wurfstärke: 4,5 Verendet 0,1 Ammenaufzucht 0,3

Die Verwendung der Ahnentafel und der Eintragungen in ihr, die Anfertigung von Abschriften, Auszügen oder Übernahme in andere Zuchtbücher ist nur mit ausdrücklicher Genehmigung des SV zulässig. Eintragungen und Einstempelungen in die Ahnentafel dürfen nur vom Zuchtbuchamt des SV vorgenommen werden. Ausgenommen hiervon sind die Eintragungen des Eigentumswechsels, der Prüfungen und der Aushändigung des Beurteilungs- und Bewertungsheftes sowie Einstempelung der HD-Röntgenstelle. Die Ahnentafel hat nur Gültigkeit, wenn sie vom Züchter eigenhändig unterschrieben ist; sie gilt als Urkunde im juristischen Sinne! Wer Ahnentafeln fälscht oder mit solchen Mißbrauch treibt, wird vom SV strafrechtlich verfolgt! Die Ahnentafel ist der schriftliche Nachweis über Rassereinheit, Name und Abstammung des Hundes und ist beim Verkauf dem neuen Eigentümer auszuhändigen. Sie bleibt stets im ausschließlichen Eigentum des SV. Bei Unklarheiten (wie z.B. zweifelhafte Identität des Hundes oder des Eigentumswechsels) kann der SV die Ahnentafel anfordern und gegebenenfalls auch einziehen. Beim Eingehen des Hundes ist sie an das Zuchtbuchamt einzusenden.

Bemerkungen:

Für die Richtigkeit vorstehender Angaben: (Unterschrift des Züchters) ____________________

Eintragungs- und Prüfungsbestätigung: Der oben bezeichnete Deutsche Schäferhund ist in das Zuchtbuch für Deutsche Schäferhunde (SZ) eingetragen worden. Die Ahnentafel wurde ausgefertigt vom **Verein für Deutsche Schäferhunde (SV), Mitglied des Verbandes für das Deutsche Hundewesen (VDH) in der Federation Cynologique Internationale (F.C.I.)**. Die Abstammungsangaben sind nachgeprüft, und ihre Richtigkeit wird hiermit bestätigt.

Das Zuchtbuchamt des SV
i.A.:

SZ Band 80 SZ-Nr. 1526684

Augsburg, den 25.September 1981

Herausgegeben vom Verein für Deutsche Schäferhunde (SV) e.V. · gegründet 1899
Gründerverein der Rasse und für den Standard Deutscher Schäferhunde zuständig.

Anerkannt von

VDH — Verband für das Deutsche Hundewesen e.V.

FCI — Federation Cynologique Internationale

WUSV — Weltunion der Vereine für Deutsche Schäferhunde

Die erste Seite des so genannten »roten SV-Papieres«, des Personalausweises des Deutschen Schäferhundes: Dieses Papier garantiert eine kontrollierte Zucht. Quelle: Verein für Deutsche Schäferhunde (SV) e. V.

Wurf-Meldeschein des SV

Wurf-Meldeschein

1. Vater ______________________

______________ SZ-Nr. ______________

WT ________ Ausb.-Kennz. ______________

Angekört für 20 ________ ZB ________

Mutter ______________________

______________ SZ-Nr. ______________

WT ________ Ausb.-Kennz. ______________

Angekört für 20 ________ ZB ________

Eigentümer des Deckrüden:
Name u. Vorname ______________________

Ort: ______________________

Mitgl.-Nr.

Eigentümer der Mutterhündin:
Name u. Vorname ______________________

Ort ______________________

Mitgl.-Nr. ______________________

erworben am: ____________ von: ____________
Falls der Eigentumswechsel der SV-HG noch nicht angezeigt wurde, ist unbedingt die Original-Ahnentafel miteinzusenden.von:

Aufzüchter:

Name u. Vorname ______________________

Ort Mitgl.-Nr.

2. Eingetragener Zwingername ______________________

3. Züchter des Wurfes (Eigentümer bzw. Mieter) ______________ Mitgliedsnr. ________

Straße ______________ Wohnort ______________

4. Decktag (lt. beigefügter Deckbescheinigung) ______________ 5. Wurftag ______________

Speichelprobeentnahme	6. Wurfstärke		Totgeboren		Verendet*		Später verendet*		Ammen aufzucht		Im Wurf einschl. Ammenaufzucht belassen		Zum SZ gemeldet		Nicht nachgewiesen
	Rüden	Hündinnen	Rüden	Hündinnen	Rüden	Hündinnen	Rüden	Hündinnen	Rüden	Hündinnen	Rüden	Hündinnen	Rüden	Hündinnen	

	Zuchtbuch-Nummer Nur vom Zuchtbuchamt auszufüllen	Ausgewählte Rufnamen Alphabetisch einordnen !	Geschlecht Erst R., dann H.	Farbe und Abzeichen Haarart (s. Rückseite)	Genaue Anschrift des Eigentümers + Mitgliedsnummer

Anlagen: Deckschein / Ahnentafel, Körschein: ________ Bewertungsausweise der Mutter / Ahnentafel, Körschein: ________ Bewertungsausweise des Vaters, Tätowierblock-Abriß / Tätowierkontrollstreifen, Ammenaufzuchtbest.
Ich bestätige, daß ich alle Angaben wahrheitsgemäß erstattet habe und als Eigentümer (Mieter) der Mutterhündin der Züchter oben gemeldeter Hunde bin.

Eigenhändige Unterschrift des Züchters ______________________ Mitglied der OG ______________________
Bitte deutliche Schrift ! Durch undeutliche Schrift bei der Eintragung verursachte Fehler fallen dem Anmelder zur Last.

* Hierin sind auch eingeschlossen Welpen, die durch den Tierarzt schmerzlos getötet wurden.

Zur Beachtung !

a) **Anmeldung von Würfen:**
Für den Züchter muß ein **Zwingername** beim SV eingetragen sein;
beide Elterntiere müssen **im SZ** eingetragen sein
Die **Original-Deckbescheinigung** muß miteingesandt werden; die **Ahnentafel der Mutter** muß beigefügt sein oder genaue Eigentumswechselangaben gemacht werden.
Die **Eintragung des Wurfes** kann erst vorgenommen werden, wenn die Welpen **8 Wochen** alt und tätowiert sind.
Die Anmeldung **sämtlicher** noch lebender Welpen des Wurfes muß **zugleich** geschehen.

Namengebung: Rufname eines zur Eintragung angemeldeten Hundes soll sich von dem eines aus dem gleichen Zwinger etwa schon eingetragenen Hundes deutlich unterscheiden. Das Anhängen von Zahlen, auch in Worten ausgeschrieben, von Buchstaben oder ähnlichen Zusätzen, wird nicht als Unterscheidungsmerkmal anerkannt. Ein einmal eingetragener Rufname kann für einen anderen Hund aus dem gleichen Zwinger nicht wieder eingetragen werden. Aus dem Namen muß das Geschlecht klar erkennbar sein.

b) **Ausfüllen den Wurfmeldescheines:**
Rufnamen alphabetisch ordnen, zuerst Rüden, dann Hündinnen.
Haarart: Die übliche Behaarung ist Stockhaar; abweichende Haarart, wie Langstockhaar, ist mit LstH, Langhaar mit LH zu kennzeichnen.

Beispiel für das Ausfüllen eines Wurfmeldescheines:

6. Wurfstärke		**Totgeboren**		**Verendet***		**Später verendet***		**Ammen aufzucht**		**Im Wurf einschl. Ammenaufzucht belassen**		**Zum SZ gemeldet**		**Nicht nachgewiesen**
Rüden	Hündinnen	Rüden	Hündinnen	Rüden	Hündinnen	Rüden	Hündinnen	Rüden	Hündinnen	Rüden	Hündinnen	Rüden	Hündinnen	
6	6	2	--	--	1	1	1	--	1	4	5	3	4	--
1	3	--	--	--	--	--	--	--	--	1	3	1	3	--

Zuchtbuch-Nummer Nur vom Zuchtbuchamt auszufüllen	Ausgewählte Rufnamen Alphabetisch einordnen !	Geschlecht Erst R., dann H.	Farbe und Abzeichen Haarart (s. Rückseite)	Genaue Anschrift des Eigentümers
	Ado	R	schwarz	Max Muster, Augsburg
			gelbe Abzeichen LstH	Steinerne Furt 73
	Alf	R	grau, dunkel, gewolkt	bleibt Eigentum des Züchters
			Maske LH	
	Algund	H	grau	noch unverkauft
			gelbe Abzeichen am Kopf	

Bestätigung des für den Züchter zuständigen Zuchtwartes:
Die vom Züchter im Wurfmeldeschein gemachten Angaben sind von mit geprüft und werden bestätigt.
Datum der 1. Wurfbesichtigung: ______________ Weitere Besichtigungen: ______________
(insgesamt mind. 3x, die erste Wurfbesichtigung hat spätestens am fünften Tag nach dem Werfen zu erfolgen)

Unterbringung, Gesundheitszustand und Verfassung der Mutterhündin in Ordnung ☐ ja ☐ nein

Beanstandungen: ______________

der Welpen in Ordnung ☐ ja ☐ nein

Beanstandungen: ______________

Sonstige Bemerkungen: ______________

Ammenaufzucht:
Wurde von mir überwacht und entspricht der ZO. Die Ammenhündin war (Rasse): ______________
Insgesamt lagen ______________ Welpen bei der Ammenhündin (Eigenwelpen + Ammenwelpen !)
Unterbringung, Gesundheitszustand und Verfassung der Ammenhündin in Ordnung ☐ ja ☐ nein

Beanstandungen: ______________

der Ammenwelpen in Ordnung ☐ ja ☐ nein

Beanstandungen: ______________

Die Ammenwelpen wurden am (spätestens bis zum 10. Tag nach dem Werfen) ______________ der Amme zugeführt.
Die Ammenwelpen wurden am (frühestens nach der 6. Lebenswoche) ______________ zum Wurf zurückgebracht.
Werden die Ammenwelpen außerhalb des Zuchtwartbereichs aufgezogen, hat der für den Ammenbesitzer zuständigen Zuchtwart die Rechtmäßigkeit der Ammenaufzucht mit den hierfür notwendigen Angaben zu bestätigen.

Datum: ______________ Name: ______________ Zuchtwart der OG: ______________
(in Block oder Maschinenschrift)

Bestätigung über erfolgte Schutzimpfung des zuständigen Tätowierers: Ich bestätige, daß sämtliche Welpen dieses Wurfes (einschließlich Ammenaufzucht) vor dem Tätowieren ordnungsgemäß durch einen Tierarzt am ______________ schutzgeimpft wurden. Die Impfpässe wurden von mir kontrolliert und durch Eindruck der Tätowiernummer auf der ersten Seite gekennzeichnet.

Datum: ______________ Unterschriften des Tätowierers: ______________ des Zuchtwartes: ______________

Verein für Deutsche Schäferhunde (SV) e.V. (gegr. 1899)
Abt. Zuchtbuchamt, Augsburg

Ein kontrolliertes Zuchtgeschehen dient den Hunden ebenso wie den künftigen Besitzern. Die Zuchtwarte der Ortsgruppen begleiten und kontrollieren den Wurf direkt vor Ort.

Quelle: Verein für Deutsche Schäferhunde (SV) e.V.

SV-Antrag auf Schutz eines Zwingernamens

SV
Hauptgeschäftsstelle

Antrag
auf Schutz eines Zwingernamens

Zwinger-Nr.

Graue Felder bitte nicht ausfüllen!

Vermerke | Eingangsdatum | EDV-Eingabedatum | Kurzzeichen

Verein für
Deutsche Schäferhunde (SV) e.V.
Hauptgeschäftsstelle
Steinerne Furt 71

86167 Augsburg

Hinweise!
Nur für Antragssteller, die in der Bundesrepublik Deutschland wohnhaft und Mitglied des Hauptvereins sind.
Die Gebühr für den Zwingernamenschutz beträgt (incl. Zuchtordnung)
□ 51,50 zuzüglich Porto- und Verpackungskosten.
Der Zwingernamen-Ausweis wird Ihnen per Nachnahme zugesandt.
Unten aufgeführter Zwingernamen kann nur für **eine** Person geschützt werden, da Zuchtgemeinschaften nicht möglich sind.
Der Zwingername darf in der vollen Länge (ohne Abkürzung) **32** Stellen nicht überschreiten!

Vorschläge (vom Antragssteller)

Zwingernamen-Ausweis wird ausgestellt, wie vom Antragssteller vorgeschrieben

Prüfvermerke (Zuchtbuchamt)

	Name (max. 32 Stellen)	vergeben	ähnlich	frei
1.				
2.				
3.				
4.				
5.				
6.				
7.				
8.				
9.				
10.				

Eingetragener Zwingername (vom Zuchtbuchamt auszufüllen)

geprüft	genehmigt	eingetragen			
Datum	Kurzzeichen	Datum	Kurzzeichen	Datum	Kurzzeichen

Antragsteller

Antrag für Mitgliedschaft liegt bei

Name | Vorname | Geburtsdatum

Straße und Hausnummer / Postfach | Land

PLZ | Ort | Mitglieds-Nummer | LG

Unterschrift

Der Zwingername macht einen Deutschen Schäferhund mit SV-Papieren unverwechselbar. Jeden Zwingernamen gibt es nur ein einziges Mal. Quelle: Verein für Deutsche Schäferhunde (SV) e.V.

Merkblatt »Sport- und Aktivitäten-Pass für SV-Jugend und Junioren«

Merkblatt
Sport- und Aktivitäten-Paß für SV-Jugend und Junioren

Wer braucht's ?

Jeder Jugendliche (bis zum vollendeten 16. Lebensjahr) und Junior (bis zum vollendeten 21. Lebensjahr), der aktiv als Hundeführer an Prüfungen und/oder Zuchtschauen und/oder Agility-Wettbewerben, sowie auch anderen Veranstaltungen des SV im Bereich der Jugendarbeit teilnimmt.

Was wird eingetragen ?

Prinzipiell alle Aktivitäten des Jugendlichen / Junioren bei Veranstaltungen des SV:

- Prüfungen (BH, AD, SchH, IP, FH)
- Zuchtschauen
- Agility-Wettbewerbe
- Jugend-Seminare / -Tagungen
- Jugend-Zeltlager
- Jugend-Wochen

Wofür ?

- **Sportabzeichen für SV-Jugend- und Junioren-Mitglieder**

	Leistung und Agility	Zucht (Ausstellung)
Bronze	▯ 20 Punkte (* innerhalb von 3 Jahren, ▯ eine Ausdauer-Prüfung ▯ die Teilnahme an einem LG-Jugend-Seminar oder einer Jugend-Woche	▯ 50 Punkte (* innerhalb von 3 Jahren, ▯ eine Ausdauer-Prüfung ▯ die Teilnahme an einem LG-Jugend-Seminar oder einer Jugend-Woche
Silber	▯ 35 Punkte (* innerhalb von max. 4 Jahren, ▯ eine Ausdauer-Prüfung, ▯ ein 10 km-Marsch, ▯ die Teilnahme an einem LG-Jugend-Seminar oder einer Jugend-Woche	▯ 100 Punkte (* innerhalb von max. 4 Jahren, ▯ eine Ausdauer-Prüfung, ▯ ein 10 km-Marsch, ▯ die Teilnahme an einem LG-Jugend-Seminar oder einer Jugend-Woche
Gold	▯ 50 Punkte (* innerhalb von 8 Jahren, ▯ zwei Ausdauer-Prüfungen, ▯ ein 10 km-Marsch ▯ die Teilnahme an einem LG-Jugend-Seminar ▯ oder ein Jugend-/Junioren-Siegertitel bei der Deutschen SV-Jugend- und Juniorenmeisterschaft, ▯ und/oder eine erfolgreiche Teilnahme an der SV-Bundessieger-Prüfung	▯ 200 Punkte (* innerhalb von 8 Jahren, ▯ zwei Ausdauer-Prüfungen, ▯ ein 10 km-Marsch ▯ die Teilnahme an einer LG-Jugend-Woche
Groß	▯ 100 Punkte (* ohne zeitliche Begrenzung (vor Vollendung des 21. Lebensjahres), ▯ zwei Ausdauer-Prüfungen, ▯ ein 10 km-Marsch, ▯ Teilnahme an einer LG-Jugendwoche oder Jugend-/Junioren-Titel bei der Deutschen SV-Jugend- und Juniorenmeisterschaft, ▯ oder/und eine erfolgreiche Teilnahme an der SV-Bundessieger-Prüfung, ▯ eine bestandene FH1-Prüfung	- entfällt -

(* = Punktewertung bitte der Vergabeordnung "Richtlinien für die Vergabe von Sportabzeichen an SV-Jugend- und Junioren-Mitglieder" entnehmen

- Bitte wenden -

- 2 -

"TOP TEN"-Wettbewerb

Am Jahresende können sich die Jugendlichen / Junioren mit allen Aktivitäten in die "TOP TEN"-Liste der aktivsten Jugendmitglieder für den SchH-, Agility- und Ausstellungsbereich eintragen lassen.

SV-Jugend-Förderer-Zertifikat

Dieses Zertifikat wird anläßlich der Deutschen SV-Jugend- und Juniorenmeisterschaften an die drei aktivsten Teams in den Bereichen "Jugend" und "Junioren" des Vorjahres verliehen.
Ein Team besteht aus:

Züchter/Eigentümer/Ortsgruppe + Jugendlicher / Junior + Hund

Um für die Wertung berücksichtigt zu werden, muß ein Team die Teilnahme an folgenden Zuchtveranstaltungen nachweisen:

- OG-Zuchtschau,
- LG-Zuchtschau,
- LG-Zuchtschau für Jugend- und Junioren,
- Zuchtschau im Rahmen der Deutschen SV-Jugend- und Juniorenmeisterschaften,
- SV-Bundessieger-Zuchtschau

Besonderes Augenmerk liegt dabei auf der Kontinuität, d.h. ein Wechsel innerhalb des Teams während des laufenden Jahres ist nicht zulässig. Jedoch ist dem Förderer (Züchter / Eigentümer / Ortsgruppe) gestattet, mehrere Teams zu bilden, die für die Vergabe des Zertifikates berücksichtigt werden.

Wie wird's gemacht ?

Sportabzeichen für SV-Jugend- und Junioren-Mitglieder

Erfüllt der Jugendliche / Junior die in der Übersicht (S. 1) aufgeführten Voraussetzungen, sendet er das Antragsformular, zusammen mit seinem Sport- und Aktivitäten-Paß, an den LG-Jugendwart, der die Angaben kontrolliert und bestätigt. Die Unterlagen werden dann der SV-Hauptgeschäftsstelle eingereicht und von dort wird das jeweilige Sportabzeichen dem Jugendlichen / Junioren zugesandt.

"TOP TEN"-Wettbewerb

Zum Ende der Prüfungs- und Schausaison führt der Jugendliche / Junior alle Aktivitäten des Jahres in dem dafür vorgesehenen Formular (Antrag – TOP TEN-Liste) auf und sendet den Antrag, zusammen mit seinem Sport- und Aktivitäten-Paß, an den LG-Jugendwart, der die Angaben kontrolliert und bestätigt. Die Unterlagen werden vom LG-Jugendwart der SV-Vereinsjugendwartin zugeleitet, die dann die Liste der zehn aktivsten Jugendlichen / Junioren eines Jahres aufstellt.

SV-Jugend-Förderer-Zertifikat

Zum Ende der Schausaison führt der Jugendliche / Junior und der Förderer alle Aktivitäten des Teams im abgelaufenen Jahr in dem dafür vorgesehenen Formular (Antrag auf SV-Jugend-Fördererzertifikat) auf und senden den Antrag, zusammen mit dem Sport- und Aktivitäten-Paß, an den LG-Jugendwart, der die Angaben kontrolliert und bestätigt. Die Unterlagen werden vom LG-Jugendwart der SV-Vereinsjugendwartin zugeleitet, die dann aufgrund der erreichten Punktzahlen die drei aktivsten Förderer in den Bereichen Jugendliche / Junioren ermittelt. Die Vergabe der Zertifikate und die Ehrung der Förderer erfolgt dann im Rahmen der Deutschen SV-Jugend- und Juniorenmeisterschaften des darauffolgenden Jahres.

Wo bekomme ich was ?

- Sport- und Aktivitätenpässe erhalten Sie über die SV-Hauptgeschäftsstelle in Augsburg.
- Antragsformulare liegen in den Ortsgruppen aus oder können aus dem Internet unter **www.schaeferhunde.de** im Menüpunkt **Satz./Ordn./Formulare** als **JUGEND.EXE** heruntergeladen werden.

Hundesport macht Spaß und ist eine äußerst sinnvolle Beschäftigung für Hund und Halter. Gerade Jugendliche lernen dabei Werte wie Verantwortung, Fairness, Geduld und Selbstbeherrschung.

Quelle: Verein für Deutsche Schäferhunde (SV) e.V.

Mehr vom Schäferhund

Christian Janes/Angelo Steccanella
Französische Schäferhunde
Neben Porträts gibt's hier Infos über Kauf, Aufzucht und Pflege der wachsamen Hunde aus Frankreich.
108 Seiten, 72 Bilder, davon 36 in Farbe, 25 Zeichn.
Bestell-Nr. 41258
€ 16,–/sFr 28,60/€(A) 16,50

Ursula Zabel
Der Deutsche Schäferhund
Seine Arbeitsfreude und Führigkeit machen ihn weltweit zum meistverwendeten Gebrauchshund.
96 Seiten, 50 Farbbilder
Bestell-Nr. 41407
€ 12,–/sFr 21,90/€(A) 12,40

Gabi Frei-Dora
Der Berger Blanc Suisse (Der Weiße Schäferhund)
Seit dem 2003 ist der Berger Blanc Suisse von der FCI, dem Weltverband, als Rasse provisorisch anerkannt. Dies hat ihrer ohnehin seit Jahren wachsenden Popularität einen weiteren Schub verliehen. Dieses Buch beantwortet die 50 wichtigsten Fragen zum »weißen Schäferhund«.
96 Seiten, 32 Farbbilder
Bestell-Nr. 41495
€ 12,–
sFr 21,90/€(A) 12,40

Inge Hansen
Vererbung beim Hund
Hier steht alles zum Thema Vererbung beim Hund: Abstammung, Rassen, Zucht und Krankheiten.
176 Seiten, 42 Bilder, davon 36 in Farbe
Bestell-Nr. 41396
€ 29,90/sFr 52,20/€(A) 30,80

Astrid Steiner
Agility
Stufe um Stufe zum Agility-Spitzensportler mit ausführlichen Trainings- und Parcoursplänen.
224 Seiten, 74 Farbbilder, 200 Zeichnungen
Bestell-Nr. 41329
€ 22,–/sFr 38,60/€(A) 22,70

Inge Hansen
Handbuch der Hundezucht
Wann ist der beste Decktermin? Welche Vorschriften gibt es für Züchter? Wie bereitet man die Geburt optimal vor? Dieses Buch sagt alles über homöopathische Mittel bei der Geburt, über Aufzucht, Verkauf und Abgabe der Welpen.
224 Seiten, 77 Bilder, davon 34 in Farbe, 12 Zeichnungen
Bestell-Nr. 41307
€ 22,–
sFr 38,60/€(A) 22,70

Stand Mai 2004
Änderungen in Preis und Lieferfähigkeit vorbehalten

Ihr Verlag für Hunde-Bücher
Gewerbestraße 10, CH-6330 Cham
Postfach 4161, CH-6304 Zug
Telefon ++41(0)41 740 30 40
Telefax ++41(0)41 741 71 15
E-Mail: info@mueller-rueschlikon.ch

Müller Rüschlikon

r814 – Grube, Deutscher Schäferhund – 4c